SIMONIS

Genuß aus dem Gift?

SOZIALHYGIENISCHE SCHRIFTENREIHE

4

Herausgegeben vom
Verein zur Förderung eines erweiterten Heilwesens
Stuttgart

WERNER CHRISTIAN SIMONIS

Genuß aus dem Gift?

Herkunft und Wirkung von Kaffee, Tee, Kakao, Tabak, Alkohol und Haschisch

VERLAG FREIES GEISTESLEBEN

CIP-Kurztitelaufnahme der Deutschen Bibliothek

Simonis, Werner Christian:
Genuß aus dem Gift?: Herkunft u. Wirkung von Kaffee, Tee, Kakao, Tabak, Alkohol u. Haschisch / Werner Christian Simonis. – 4. Aufl. – Stuttgart: Verlag Freies Geistesleben, 1984.
(Sozialhygienische Schriftenreihe; 4)
ISBN 3-7725-0164-8 NE: GT

Einband: Walter Krafft
4. Auflage 1984

Gesamtherstellung: Greiserdruck Rastatt

Inhalt

Vorwort

Nichts gibt es in der Welt, was der Mensch unverbindlich tun könnte. Faßt er einen neuen Gedanken, schon ist er selber ein anderer geworden. Hat er eine neue Wahrnehmung, so ist er in seinem Vorstellungsleben um sie bereichert und damit auch verändert. So unterwirft er sich selber ständigen Wandlungen, die seine eigentliche Entwicklung ausmachen.

Was im seelischen und geistigen Bereiche gilt, hat auch für das physische und materielle Leben seine Gültigkeit. Die Stoffe, die der Mensch in sich hereinnimmt, muß er in sich vernichten, muß sie verdauen und muß lernen, sie nach seinen eigenen Gesetzen wieder in sich aufzubauen, um sie sich wirklich aneignen zu können. An dieser Stoffwechseltätigkeit bewährt er seine ichhafte, willenshafte Daseinsart und schafft sich die Voraussetzungen seines geistigen und seelischen Lebens im Erdenbereich. Unter diesem Aspekt läuft seine gesamte Ernährung ab.

Was der Mensch in sich aufnimmt, hat die Tendenz, ihn durch sein Fremdwesen und seine Fremdstofflichkeit zu verändern, zu vergiften. Er muß in allen Stoffesvorgängen, die in ihn eindringen, schwer kämpfen, um sein menschliches Eigenwesen zu behaupten. In diesem Kampfe mit der Außenwelt schafft der Mensch sich Grundlagen für seine Willensentfaltung. Es gibt nun zahlreiche Stoffe, die in diese Abläufe fördernd oder störend eingreifen können, die ihr Eigenwesen stärker behaupten als andere und darum dem Menschen die ihm wesensgemäßen Möglichkeiten mindern oder einschränken können. Von einigen solchen Naturstoffen aus dem Pflanzenreiche soll hier in skizzenhafter Weise unter dem Gesichtspunkte anthroposophischer Menschenkunde berichtet werden.

Vom Wesen des Kaffees, des Tees, des Mate, des Kakaos, des Tabaks, des Weinstocks und des Hanfs soll erzählt werden; wie sie sich in der Natur darleben, wie sie in die Evolution und Kultur des Menschen eingreifen. Was der Mensch von ihnen erwarten kann, und was er als eine Verbindlichkeit für seine Entwicklung erkennen muß, soll dargestellt werden.

Einleitung

Im Umgang mit Pflanzen knüpft der Mensch uralte Beziehungen immer wieder aufs neue, die ihn ehemals in seiner Evolution viel enger an die Pflanze banden. Ist doch die Pflanzenwelt ein Naturbereich, den der Mensch im Abstieg aus geistigen Sphären aus sich heraussetzte, ehe er fähig wurde, als physisches Wesen die Erde zu betreten. Aus diesen uralten untergründigen Beziehungen zwischen Mensch und Pflanze stammt die Liebe zur Pflanzenwelt, stammt die ernährende und heilende Kraft dieses Naturreiches für den hungernden und kränkelnden Menschen. Diese alten Beziehungen kannten die Priester der alten Mysterien, weil sie noch hineinschauen konnten in die Evolutionsvorgänge, die einstmals notwendig waren, ehe der Mensch zum physischen Erdenmenschen wurde. Daher stammen auch die meisten Heil- und Nahrungspflanzen bzw. die Kenntnis von ihnen aus diesen Kulturbereichen. Auf derartige Evolutionsverknüpfungen hat Rudolf Steiner in seinem Lebenswerk vielfach hingewiesen. Er hat auch angegeben, wie der Mensch sich an sie heranarbeiten kann, um sie durchschauen zu lernen, um nicht nur aus ausgedachten Theorien heraus sich mit ihnen beschäftigen zu müssen.

Geben wir uns mit Heil- oder Nahrungspflanzen ab – oft sind die Übergänge fließend –, oder beschäftigen wir uns mit Genuß- oder Giftpflanzen, dann nehmen wir aus dem Pflanzenbereich bestimmte Erscheinungen heraus. Auch für sie trifft wie für alle anderen zu, daß sie einst zum ätherischen Wesen des Menschen[1] gehörten, ehe sie auf einer bestimmten Stufe der Evolution ausgeschieden wurden, um den Weg zum Ich-Menschen freizumachen. Die Giftpflanzen unterscheiden sich von ihren übrigen Verwandten dadurch, daß ein bestimmtes Prinzip kräftiger und tiefer in sie hineinwirkt als in andere Pflanzen, oder daß sie im Zuge der Evolution frühere Stoffe und Wesenszüge sich stärker erhalten haben

[1] Für ein Verständnis der geisteswissenschaftlichen Begriffe wird auf die grundlegenden Werke von Rudolf Steiner hingewiesen (siehe Literatur).

als die giftlosen Pflanzen. In ihnen wirkt die kosmische Astralität, das kosmisch Seelenhafte, das dann im Menschen individualisiert auftritt, stärker als in der übrigen Pflanzenwelt. Die überwiegende Mehrzahl der Pflanzen werden von dieser Sternenwirksamkeit nur eben berührt, von ihrem Atem gleichsam nur leicht angehaucht und bringen dadurch dann ihre Blütenwelt zur Erscheinung. Bei den sogenannten Giftpflanzen wirkt dieser astrale Atem tiefer hinein. Er wirkt so tief hinein, daß er die pflanzlichen Eiweißstrukturen fast «tierisch» beeinflußt, so daß diese den Stickstoff nahezu so in sich aufnehmen, wie es sonst in der Tierwelt üblich ist. Auch der Mensch hat in seinem Eiweißaufbau Astraleinflüsse, die es ihm erst möglich machen, daß sein Seelenwesen so in einem Leibe lebt, wie wir es dann als normal betrachten.

Es kann verständlich werden, daß die Gifte der Pflanzen – das Astralische – im Menschen eigentlich nichts hervorrufen können, was in ihm nicht schon «vorgebahnt», irgendwann und irgendwo veranlagt ist, was er dem Wesen nach gegebenenfalls in sich selber auch bewirken könnte, etwa unbewußt durch krankhafte oder abwegige Entwicklungsvorgänge oder bewußt durch Schulungen verschiedener Art. Welches Gift man auch nimmt, alle verstärken entweder vorhandene seelisch-astrale Regungen, wecken im Evolutionsverlaufe zur Ruhe gebrachte, d. h. schlummernde, vielleicht auch noch nicht ins Bewußtsein gelangte seelische Regungskeime. Andererseits können diese Stoffe auch durch Anknüpfung an diese Empfangsempfindlichkeiten im Menschen die feineren menschlichen Impulse stören, die das Ich zur Geltung bringen müssen.

Oft wird ein Gift um seiner mehr oberflächlichen, d. h. augenblicklichen Wirkungen willen angewendet, z. B. zur Schmerzstillung. Dabei werden dann seine anderen Wirkensseiten, die auch andere Seelen- und Lebensschichten anrühren, vernachlässigt. Bei manchen dazu disponierten Menschen gewinnen dann gerade diese «Nebenwirkungen» an Bedeutung und können sogar dazu führen, daß sie sich an das Mittel gewöhnen, bis schließlich bei einigen die Sucht voll ausgebildet ist. Das ist ein schwerwiegendes Problem, das bei jeder mehr oder weniger giftigen Kulturpflanze auftritt.

Die Gewöhnung – oft nach anfänglicher ausgesprochener Abneigung – an bestimmte Genuß-Pflanzen oder das suchthafte Verlangen nach ihnen hängt wohl im tiefsten mit den schon angedeuteten Vorgängen zusammen, bei denen die kosmische Menschenwesenheit die Pflanzenheit aus sich und ihren Organzusammenhängen herausgesetzt hat. Das waren Vorgänge, die allein im Ätherischen, d. h. im Lebensbereich und nicht im äußeren physischen Bereich – der noch nicht existierte – verliefen. Die physische Manifestation mit ihren Mineraleinlagerungen und dadurch Sichtbarmachung des menschlichen Leibes erfolgte viel später. Was dabei dann in der Außenwelt als Einzelpflanzen erschien, hat durch die erwähnten Vorgänge seine tiefbegründete Beziehung zur Konstitution des Menschen und seiner Organe, wie z. B. der Schachtelhalm (Equisetum arvense) zur Niere. Diese ätherischen Tiefenbeziehungen, die uns für die Mehrzahl der Pflanzen heute unbekannt sind und nur dann und wann einmal höchstens experimentell etwas aufleuchten können, sind es, die sich in der Gewöhnung und Sucht erneut geltend machen. Was dann auftritt, kann gerade zeigen, wie dringend der Ausscheidungsvorgang in der Evolution für einen Organismus war, der in der weiteren Entwicklung das Menschen-Ich aufnehmen sollte. Dabei soll nicht vergessen werden, daß sehr viele Pflanzen keine derartigen Erscheinungen im Menschen hervorrufen. Darum kommt er ihnen aus seinen Seelenregungen nicht entgegen. Die Pflanzen dagegen, deren Eigenarten die engeren Wechselwirkungen zwischen Lebens- und Empfindungsorganismus im Menschen besonders berühren, sind anscheinend bevorzugte Genußpflanzen, die dann die gleichartigen Funktionen im Organismus ersetzen oder steigern sollen. So erlebt man gerade, wie die Gewöhnung und die Sucht bestimmte Entwicklungen in der Bewußtseinsentfaltung des Menschen verfrühen, unmöglich machen oder zurückschrauben, wie sie das Wesen des Menschen gewaltig verändern. Es wirken dann andere Wesenskräfte herein, als im Zuge der Evolution wünschenswert wäre. Sie retardieren oder forcieren einseitig, aber ganz auffallend. Es sind Kräfte, über die das inkarnierte Ich allein nicht mehr Herr wird. Eine derartige Verwendung solcher Pflanzen nimmt ihnen dann auch zu oft die Möglichkeiten, sie als Heilpflanze zu verwenden. Wenn wir uns an die Pflanzen wenden, um sie als Heilmittel oder als Genußmittel zu gebrauchen, dann nehmen wir immer Vergangenheitskräfte oder -prozesse aus unserer Evolution in uns auf. Das ist eine Tatsache, deren wir uns bewußt sein sollten.

Die Milch[1] und dann das Wasser, die aus der Erde und vom Himmel

[1] s. Simonis, Milch und Honig, Stuttgart 1965.

kamen, waren die ersten Getränke der Menschen. Alle anderen kamen viel später zu den Menschen und formten mit am Seelen- und Geistesleben der Menschheit. Welche Impulse einzelne von ihnen zu vermitteln hatten, soll in den folgenden Skizzen ausgeführt werden.

Was ist ein Genußmittel?

Was heißt «genießen»? Bekannt ist eine Legende, in deren Mittelpunkt ein indischer Mahatma steht. Eines Tages kam zu ihm eine Mutter mit ihrem Kinde und bat ihn, er möge dem Kinde das Naschen abgewöhnen. Nach einiger Zeit der Überlegung bat der Mahatma die Mutter, sie möge in einem Jahre wiederkommen. Nach einem Jahre erschien die Mutter wiederum bei dem Mahatma. Er bat sie nochmals, in einem Jahre wiederzukommen. Dann nahm er das Kind in seine pädagogische Behandlung und erklärte der Mutter auf die erstaunte Frage, warum er das Kind nicht früher in Behandlung genommen habe, er habe sich selber erst das Naschen abgewöhnen müssen, um eine solche Aufgabe übernehmen zu können.
Ob alle Einzelheiten dieser Begebenheit so abgelaufen sind, ist unwichtig; entscheidend ist, daß der Mahatma sein Seelenleben schulen mußte, um sich eine Neigung, eine Angewohnheit, vielleicht auch eine Sucht – die Naschsucht – abzugewöhnen, die er bei einem anderen Menschen durch seinen Einfluß beseitigen sollte.
Eine Pflanze, die in der Erde wurzelt und ihren Lebensorganismus betätigt, wenn sie aus Wärme, Licht und Luft einerseits und aus den Stoffen der Erde andererseits Blatt um Blatt hervorbringt und schließlich zum Blühen und Fruchten kommt, eine Pflanze hat keine Bedürfnisse nach Genüssen, da ihr das Seelenleben mit seinen Begierden mangelt. Wohl aber naschen die verschiedensten Wesen an der Pflanzenwelt in vielfältiger Weise. Was Kosmos und Erde in der Pflanzenwelt von ihren Kräften und ihrem Wirken offenbaren, das kann Gegenstand des Bedürfnisses, der Neigung und der Begierde all jener Wesen werden, die ein Seelenleben ihr eigen nennen. Die Übergänge vom Bedürfnis zur Neigung und zur Begierde sind dabei fließend. Es beginnt mit der Atmung. Würden die Pflanzen nicht die ausgeatmete Kohlensäure der beseelten Wesen umwandeln und den Sauerstoff freigeben, müßten alle Wesen, die mit einem Seelenorganismus begabt sind – ihr Dasein in

einem Erdenorganismus aufgeben. Das Atmen, das elementarste Bedürfnis, zugleich eines der geistigsten Vorgänge, hängt mit unserem Seelenleben zusammen. Hinter solchen geistigen Vorgängen stehen Bedürfnisse und Triebe, die mehr oder weniger unumgänglich sind, weil sie tief organbedingt sind.

Ein Seelenleben, in dem ein denkendes, waches Ich tätig ist, kann sich, indem es den Willen übt, in die Schulung nehmen, wie z. B. der Mahatma, und sich Begierden und Neigungen abgewöhnen, die vor seinem Urteil nicht bestehen können. Ebenso kann es neue Begierden entwickeln und sich angewöhnen. Neigung und Abneigung, Sympathie und Antipathie sind die typischsten Eigenschaften eines Seelenlebens, eines Seelenorganismus. Beim Tiere sind sie mehr oder weniger fixiert, beim Menschen sind sie von seinem Ich aus wandelbar. Wenn Mephisto den Faust inspiriert zu sagen: «Und im Genuß verschmacht ich nach Begierde», dann greift das Ich eben nicht lenkend in das Seelenleben, dann kreist das Seelenleben mit seinen Eigenschaften auswegslos in sich selber. Es gibt keine Entwicklung, keinen Fortschritt.

So vermittelt das Seelenleben uns Bedürfnisse, Neigungen und Begierden. Bedürfnisse, die lebensnotwendig sind, und solche, die nicht gerade allgemein unumgänglich sind, Neigungen, die sogar oft nur ganz individuell sind, wie es auch die Begierden sein können. Dabei ist dann keineswegs entschieden, wie lebensnotwendig derartige Bedürfnisse für das Individuum sein können. Es ist klar, daß die Fülle der Bedürfnisse und Begierden uns unfrei und abhängig macht, wo wir frei und unabhängig sein könnten. Im Laufe des Lebens entwickeln wir eine große Anzahl von Neigungen und Begierden in unserem Seelenleben, die früher nicht zu den Notwendigkeiten unserer Existenz gehörten.

Genießen – insofern es mit der Aufnahme von Stoffen in den Organismus zusammenhängt – geht über das Zungen-Gaumenerlebnis, d. h. das reine, örtlich gebundene Schmeckerlebnis hinaus und reicht tiefer in die Stoffwechselorgane – speziell in die Leber – hinein.

Der Durstige genießt den ersten langen Schluck, der Hungrige den ersten Bissen aus der Gier der darbenden Organe heraus, bis durch Sättigung ein Ausgleich zwischen den lebensnotwendigen Bedürfnissen der Organnatur und dem darin anregend tätigen Seelenorganismus stattfindet. Der Genußsüchtige hebt diese inneren unbewußten Organvorgänge und -erlebnisse stärker in das Bewußtsein. Er läßt im Laufe der Zeit das lokalisierte Schmecken im Munde sich bis in die Stoffwechselorgane bewußter hinein ausdehnen. Der ganze Organismus schmeckt dann stärker mit. Dadurch erfolgt eine Verschiebung der Wesensglieder des Menschen gegeneinander. Der bewußtseinstragende Seelenorganismus gewinnt dort Übergewicht über die lebenvermittelnden Vorgänge des Lebensorganismus, wo es eigentlich nicht sein sollte.

Daß Genießen mit unserem Seelenleben zusammenhängt, wird ohne weiteres einleuchtend sein. Dieses ist es auch, das sich anregen läßt, wenn es seinem Leibe ein Genußmittel zuführt. Der eigentliche Effekt wird aber nur möglich und fühlbar wirksam, weil unser Seelenorganismus mit einem Lebensorganismus verbunden ist und dieser wieder mit einem physischen und materiellen Leibe. Die Befriedigung unserer Begierden und Neigungen verändert jeweilig die unterschiedlichen Verhältnissituationen des Seelenorganismus zum Lebensorganismus und zum äußeren Leibe. Was dabei durch diese Veränderungen bewirkt wird, das strebt unser Seelenorganismus bzw. unser Ich an. Da erleben sich diese Wesensglieder anders als in ihrem gewöhnlichen Zustande des Tageslebens. In alle Einzelheiten einer geisteswissenschaftlichen Physiologie kann hier nicht eingegangen werden. Einige besondere Tatsachen werden bei den Genußmitteln noch herausgearbeitet. Daß ein leibliches Genießen im letzten mit dem Eintauchen unseres Geistig-Seelischen in den Leib, in einzelne Organe zusammenhängt, ist leicht verständlich. Man wird sich auch klarmachen müssen und können, daß z. B. nicht nur Zunge und Gaumen genießen, daß dieser Vorgang auch tief eintaucht bis in unser Leber-Leben. Das heißt aber, unser Seelenleben – das mit mehr oder minder wachem Bewußtsein verbunden ist – durchsetzt damit die Leber und stört sie zugleich in ihren Funktionen, die reine Lebensfunktionen sein sollten. Bewußtsein wirkt immer abbauend. Wo also ein stärkerer Abbau durch Bewußtseinsvorgänge an eigentlichen Lebensorganen stattfindet, da entarten diese Organe und vermögen ihre ursprüngliche Aufgabe immer weniger zu erfüllen. Auf die Wesensglieder bezogen, bedeutet das, daß der Astralleib (= Seelenorganismus) den Ätherleib (= Lebensorganismus) stärker an sich heranzieht und abbaut und daß der physische Organismus sich stärker geltend machen kann, z. B. in der Tendenz zu verhärten oder zu wuchern. Es werden dann Organstrukturen entwickelt, die der ursprünglichen Organfunktion fremd sind. (Man denke z. B. an die Leberverhärtungen der Leberzirrhose usw.)

Wir sprechen von *Genußmitteln,* wenn wir von solchen – zumeist aus dem Pflanzenreiche – wissen, daß sie die angedeuteten Veränderungen im Wesensgliedergefüge des Menschen bewirken und dadurch in dem Konsumenten den erwarteten Effekt hervorrufen. Ihre Fähigkeit anzuregen beruht im letzten darauf, daß es eben Pflanzen gibt, die über die oben beschriebenen Arten hinausgehen, indem sie in sich sogenannte Alkaloide bilden. Es sind Giftpflanzen. Damit lassen sie in sich etwas wirksam werden, was in uns der Empfindungsorganismus tut. Natürlich haben Pflanzen keinen Seelenorganismus oder Astralleib. Das tiefe Hereinwirken *kosmischer* Astralität in die Pflanzen bringt aber ähnliche Vorgänge in dem Eiweißaufbau und -abbau hervor, wie sie im Menschen und in den Tieren ablaufen. Dadurch werden sie eben in der Pflanze zu Giftprozessen. So lassen z. B. einige der hier abgehandelten Pflanzen – der Kaffeebaum, der Kakaobaum und der Teestrauch – neben ihren typischen bekannteren Giften auch noch verwandte Beziehungen zu den Harnsäureprozessen im Menschen erkennen.

Das Bedürfnis des menschlichen Empfindungsorganismus geht nun keineswegs allein nach den Stoffen, die diese Pflanzen zu bieten haben, zumal diese meistens wenig attraktiv sind. Bis zur Gewöhnung muß der Mensch anfänglich meistens sogar manchen Ekel und Widerwillen und manche Bitterkeit überwinden. Das Bedürfnis des Astralleibes geht – wie oben ausgeführt wurde – nach der Wirkung der Pflanze auf die Wesensglieder. Es ist eben von Bedeutung, daß z. B. Kaffee, Tee oder Kakao das Verhältnis der Lebensorganisation, d. h. des Ätherleibes, zum physischen und materiellen Organismus verändern, und das genießt der Empfindungsorganismus. Wie das im einzelnen geschieht, wird bei den betreffenden Pflanzen ausgeführt. Man muß also primär auf die Wirkungen im Bereich der menschlichen Wesensglieder sehen, und die körperlichen Erscheinungen bis in die Organreaktionen hinein als etwas «Sekundäres» betrachten, wenn auch der materielle Einfluß der Droge die Auslösung hervorruft. Die Organfunktionen bzw. die Organe sind dabei eigentlich die Notleidenden. An ihnen zeigen sich dann früher oder später die krankhaften Folgeerscheinungen, die sich aus den überbeanspruchten Wesensgliedern – die dadurch den Organfunktionen entzogen werden – als «Kaffeesatz» des Genusses niederschlagen.

Wenn wir Genußmittel als solche bezeichneten, die bestimmte Verhältnisverschiebungen der Wesensglieder untereinander durch den physischen Stoff bewirken, dem immer ein bestimmtes Geistiges innewohnt, so sind andererseits natürlich nicht alle Mittel, die solche Veränderungen hervorrufen, «Genußmittel». Es gibt aber noch manche solche Pflanzen, die in bestimmten Erdregionen bei einzelnen Völkerschaften eine ähnliche Rolle spielen wie die hier abgehandelten, die sich über die ganze Erde ihre Konsumentenschaft erobert haben. Manche Pflanzen, die noch bedenklichere Wirkungen zeitigen als die aufgeführten, z. B. die Kokanuß, sind hier bewußt unberücksichtigt geblieben. Genußmittel, die zugleich Nahrungsmittel sind, haben wir in der obigen Charakterisierung ausgeklammert. Auch da gibt es fließende Übergänge. Ein Glas guten Quellwassers kann einem Genuß bereiten, zuviel davon kann zu Gift werden.

Es ist nun noch die Aufgabe, sich mit dem Begriff «Gift» auseinanderzusetzen, denn Giftpflanzen sind auch der Kaffeebaum, der Teestrauch, die Tabakpflanze und der Kakaobaum.

Vom Wesen der Gifte

Alle Vorgänge in den Organen oder unter den Organen in ihren Wechselwirkungen werden mehr oder weniger verständlich, wenn man die höheren, geistigeren Wesensglieder des Menschen berücksichtigt. Auch Fragen, die sich an die Existenz von Giften und ihre Wirkungen anschließen, sind nur unter Berücksichtigung aller Wesensglieder des Menschen zu klären. Die oberflächliche Erklärungstendenz, alle im Sichtbaren oder Wahrnehmbaren auftretenden organischen Erscheinungen allein aus dem sichtbaren Physischen des Leibes und der Stoffe erklären zu wollen, muß notwendigerweise einseitig bleiben, weil bei dieser gewollten Einseitigkeit vieles vernachlässigt und übersehen wird. Der Lebensorganismus, der Seelenorganismus und das Ich des Menschen werden dann so behandelt, als wären sie bei diesen Vorgängen nicht beteiligt. Dadurch fehlt auch die Erkenntnis, daß selbst in den Stoffen noch Geistiges wirksam ist, das ihnen die Qualitäten verleiht.
Was ist nun Gift?
Im Grunde genommen jeder Stoff, der außerhalb des menschlichen Organismus ist. Die Giftnatur der menschlichen Umwelt kennzeichnet die Tatsache, daß der Mensch ein von der übrigen Naturwelt durchaus abgesondertes Wesen ist. Was er in sich aufnimmt, das muß er durch die Tätigkeit seiner Wesensglieder und durch seine Stoffwechselorgane umwandeln, vernichten und vor allen Dingen entgiften, ehe er die Stoffe sich zu eigen machen und an ihnen eigene Substanzen entwickeln kann. So hat der Mensch es auch bei jedem Ernährungsvorgang, beim Essen und Trinken, immer mit Vergiftungsvorgängen kleineren und kleinsten Ausmaßes zu tun, die er überwinden muß.

Diese Vorgänge stellen wir uns zumeist nicht als Vergiftungsvorgänge vor, wenn wir einmal an Gifte und Giftwirkungen denken. In unserer Zeit nimmt die Unzuträglichkeit von Außenstoffen, d. h. der Nahrungsstoffe, erheblich zu und wird uns dann als Vergiftungserscheinung, die wir Allergie nennen, bewußt.

Unter Giften wurden von jeher Stoffe mit massiveren Wirkungen verstanden und gefürchtet. Sie verändern die Verhältnisse der menschlichen Wesensglieder zueinander abrupter und radikaler, als die Nahrungsmittel es zumeist vermögen. Der einzelne Wirkensablauf ist aber auch da oft ganz ähnlich, nur extensiver und intensiver als bei der Einwirkung von Nahrungsstoffen.
Man unterschied schon immer Gifte aus dem Mineralreiche der physischen, toten Welt, aus dem Pflanzenreiche der lebendigen Welt und aus dem Tierreiche, d. h. aus der beseelten Welt. Daß der Mensch unter Umständen selber auch Bildner schwerer Gifte sein kann, soll nur am Rande vermerkt sein. Die Angst vor Giften spielt seit den ältesten Zeugnissen menschlicher Kultur eine große Rolle bei den Menschen und wurde immer größer, je weniger die Hintergründe durchschaubar waren, und je mehr die Menschen allein den Erdenzustand ihrer Existenz für real hielten. Die Angst vor Giften war und ist die Angst vor der Unheimlichkeit des plötzlich herantretenden Todes, zu der besonders der moderne Mensch keinerlei Erkenntnisverhältnis mehr hat und nicht weiß, daß das Geistige in einer unmittelbaren Wesensbeziehung zu allem steht.
Angst greift um sich, je mehr die Furcht – hinter der die Ehrfurcht stand – weicht. In der Angst spüren wir ahnend die Schwelle, an die wir ungewollt herankommen. In der Furcht der Vergangenheit («Furcht des Herrn», heißt es im Alten Testament) kannten die Menschen die Schwelle zum Geistigen, zu Gott noch sehr gut. Dieses Wissen haben sie sich allmählich abgewöhnt, drum müssen sie sich schrecken lassen durch die Angst, d. h. die Schwelle zur geistigen, göttlichen Welt, von deren Realität sie nichts wissen wollen, die dessenungeachtet uns doch überall umgibt.
Bei den hier abgehandelten Pflanzen, die zugleich Genuß- und Giftpflanzen sind, geht die Wirkung nun keineswegs so weit, daß sie den Genießer unmittelbar mit dem Tode konfrontieren. Wenigstens ist das höchst selten der Fall. Dennoch spielt auch bei ihnen etwas herein, was zwischen Angst und Furcht spielt, weil durch sie Geistiges stärker hereinwirkt als durch andere Stoffe. Einige haben als typisches Vergiftungssymptom die Angst und die Verzweiflung. Sie machen auf jeden Fall alle den Menschen «wacher» und zugänglicher für die Angst, die Lebens-

angst, und geben ihm den Weg zur Furcht nicht frei. Sie können fast alle bei geeigneten, d. h. genügend schwachen Individualitäten die Vorstufen zu schwereren Giften sein, weil die Angst anscheinend nach immer neuen und anderen Peitschen für den Seelenorganismus verlangt, wenn sie den richtigen Weg zum Geiste nicht akzeptiert oder kennt.

Die Gifte der mineralischen Welt kennen wir zum Teil aus dem Umgang mit ihnen in der Technik, die selber wieder noch neue gewaltige Gifte hinzugebracht hat. Zu nennen wären hier nur Salzsäure, Salpetersäure, Schwefelsäure und viele andere. Aber auch reine Stoffe wie Blei, Kupfer, Quecksilber sind für uns schwere Gifte. Ihrer Natur nach greifen sie – wenn sie in unseren Magen-Darmorganismus gelangen – direkt die physische Substanz und Struktur, die Zellen der Speisewege an und zerstören sie, indem sie den darin wirksamen Lebensorganismus heraustreiben. Sie erzeugen Übelkeit, Brechreiz, Darmkrämpfe mit kolikähnlichen Anfällen. Wo der Lebensorganismus herausgetrieben ist, wird die Restitution, der Wiederaufbau der Zellen und Organe, unmöglich. Der Mensch geht an der Vergiftung zugrunde, wenn man ihm nicht mit Mitteln zu Hilfe kommt, die das eingedrungene Gift schnell binden und unschädlich machen. Mineralische Gifte werden vor allem durch lebendige bzw. aus dem Leben hervorgehende Stoffe gebunden. Bekannt ist die Anwendung von lauwarmer Milch. Auch pflanzliche Öle wie Oliven- oder Sonnenblumenöl vermögen derartige Gifte (mit Ausnahme von Phosphor) zu binden. Erbrechen und Abführmittel führen dann die unschädlich gemachten Giftstoffe wieder aus dem Organismus heraus. Starke Gifte töten den Menschen, weil sie den Lebensorganismus schnell heraustreiben. Sind sie schwächer, dann führt die Vergiftung zu Krankheitszuständen. Nun ist uns aus dem Wirken der Homöopathie wohl allgemein bekannt, daß ganz schwache, d. h. verdünnte bzw. potenzierte Gifte gerade die umgekehrte Wirkung ausüben wie die starken, konzentrierten Giftmengen. Sie wirken dann nicht mehr als Gifte, sondern in geeigneten Fällen als Heilmittel.
Die Gifte der lebendigen Welt, d. h. des Pflanzenreiches, sind von anderer Art als die eben beschriebenen. Ergreift das tote mineralische Gift vor allem die physische Substanz der betroffenen Organe und entzieht dadurch der Lebensorganisation die weitere Wirkensmöglichkeit,

so wenden die Pflanzengifte auf Grund ihrer eigenen Beziehung zur Lebendigkeit sich direkt an das Lebendige im Verdauungsorganismus. Da, wo der Ätherleib (d. h. die Lebensorganisation) am stärksten wirkt, dort greifen die Pflanzengifte auch am stärksten an: das ist zuerst im Darmgebiet und dann im ganzen Organismus. Entsprechend rufen Pflanzengifte oft weniger Symptome im Magenbereich hervor als nachher an den Därmen. Es treten zur Übelkeit, zum Brechreiz vor allem Durchfälle auf. Der Organismus, in dem die Lebensorganisation geschädigt ist, zeigt das Schwinden der Funktion dieser Organisation durch allgemeine Schwellungen, durch Auftreten einer gewissen Blausucht und von Krämpfen an. Schließlich tritt Bewußtseinsverlust ein. Auf Grund dieser Vorgänge wies R. Steiner darauf hin, wie das Pflanzengift den Lebensorganismus in den Astralleib, den Empfindungs- oder Seelenorganismus, hineindrängt und dadurch das wache Bewußtsein in einen Betäubungszustand überführt; denn Wachheit geht vom Seelenorganismus aus. Der Lebensorganismus, dem Bewußtheit mangelt, nimmt ihm aber die Wachheit, weil er sich hineindrängt. Die Unterschiede dürften klar sein: Mineralische Gifte drängen die Lebensorganisation aus der physischen Organisation heraus, weil sie diese vernichten. Pflanzliche Gifte beeinträchtigen weniger den physischen Organismus, sondern sofort stärker den Lebensorganismus. Dieser wird in den Seelenorganismus hineingedrängt, bekommt dadurch das Übergewicht und erzeugt die Betäubung.

Macht man sich diese Abläufe klar, dann taucht auch die Frage auf: Wie kommt überhaupt Gift in die Pflanze? Was macht sie zur Giftpflanze? Gegenüber dem Menschen mit seinen vier Wesensgliedern verfügt die Pflanze nur über zwei, den physischen Leib und den Lebensorganismus, der sich in dem Element des Wäßrigen auslebt. Wäßriges und festes Salzhaftes durchziehen die Pflanze. Je mehr das Wäßrige überwiegt, desto mehr lebt sich die Pflanze in ihrem eigenen Element in der Blattbildung aus. Die Pflanze ist, wie Goethe es ausdrückte, ganz Blatt. Das Blattwesen wird von unten und von oben in seiner unbekümmerten Bildetendenz beeinträchtigt: von unten durch die Salzprozesse der Erde, die das Blatt in verhärtende Formen hineinzwingen (Wurzel-, Stengel-, Dornen- und Stachelbildungen); von oben durch die in Luft und Wärme sich darlebenden kosmischen Umweltvorgänge, die das Blatt in auflockernde Bildetendenzen (Blüten- und Duftbildungen) hineinzwingen. Damit führen sie die ganze Pflanze in ihren Aufbauprozessen einem Ende zu. Zwischen diesen Polen der Verfestigung und der Auflösung, des Verflüchtigens lebt durch das Wäßrige das Blattwesen wie rhythmisch ausgleichend – immer die gleiche Blattform bildend. Nur wo die beiden Pole in irgendeiner Weise überwiegend wirksam sind, verändern sie die Blattform.

So gibt es viele Pflanzen, deren Vegetationszeit aufhört, wenn der Blütenprozeß der Blattbildetendenz ein Ende setzt. Da steht dann eine Blüte oder ein ganzer Blütenstand als Krönung des Vegetationsprozesses vor uns, und die Lebensorganisation entschwindet. Die Pflanze ist verblüht.

Die Sterbe- und Abbauprozesse des Blühens sind es, die uns interessieren müssen, wenn wir an das Rätsel «Gift» heran wollen. Das Blühen geht auf Kosten der Blattbildung. Erleben wir Pflanzen, die dieses Blühen besonders stark zur Schau tragen, dann lebt sich in deren Stoffwechsel etwas aus, was im üblichen Blattprozesse nur in geringem Maße auftritt. Wir können Eiweißbildungen feststellen, die sich denen der Tiere nähern. Nehmen wir z. B. die Sojabohne. Hier haben wir angereichertes Pflanzeneiweiß, das in der Ernährung das tierische Eiweiß vollkommen ersetzen kann. Darum werden die zur gleichen Pflanzenfamilie gehörigen Futterkräuter wie Klee usw. für das Vieh angebaut. Der Mensch ißt aus dieser Pflanzenfamilie Erbsen, Bohnen und Linsen, alles Pflanzen, die den Stickstoff-Eiweiß-Prozeß in sich besonders stark entwickeln. Innerhalb dieser Eiweißbilde- und -abbauprozesse in den Pflanzen treten sogar Harnsäure-ähnliche Stoffe auf, die sonst nur bei Tier und Mensch vorkommen (vgl. Kaffee und Tee). Wird der Eiweißbildeprozeß noch stärker intensiviert, dann treten Gifte in der Pflanze auf, die wir Alkaloide nennen, und da sind wir bereits bei den Giften, die in der Arzneikunde und in der Genußsphäre eine bedeutende Rolle spielen.

Man muß sich nur klar machen, daß derartige Stoffwechselvorgänge dadurch ablaufen, daß das astrale Umkreiselement – Sonne, Mond und Gestirne in ihrem zumeist heute noch unbekannten Wirken – stärker einwirkt als bei den giftfreien Pflanzen. Es kommt im Tier auch nur zu den tierischen Eiweißbildungen, weil dieses gleiche Element – dort schon

gruppenhafter im Gruppenseelenleben eingefangen – wirksam ist. In der giftfreien Pflanzenwelt berührt es die Blattbildungszone und ruft dadurch die Blütenbildung hervor. In der Giftpflanze wirkt es tiefer, oft bis in die Wurzeln hinein und führt zur Alkaloidbildung.
Das seelische oder astrale Element, das im Menschen individualisiert auftritt, im Tier gruppenhaft gebunden erscheint, ist die Mutter der Giftbildung im Pflanzenreich. Etwas Geistiges also lebt in einer solchen Giftbildung. Seinen Ursprung hat dieses «Geistige im Stofflichen», das zum Gift auf Erden wurde, in der Evolution von Mensch und Erde, da nach R. Steiner die Giftsubstanzen ausgesprochene Relikte der früheren Erdenstufe – der Mondenstufe – darstellen, die sich in der Erdenmetamorphose mit ihrem früheren Wesenscharakter erhalten haben.
Wenn hier aus der Reihe der «Genuß-Pflanzen» die bekanntesten und verbreitetsten: Kaffee, Kakao, Tee, Tabak und der Weinstock, als «Gift-Pflanzen» ausgewählt wurden, so geschah das nicht allein wegen der für die menschliche Gesundheit oft bedenklichen Seiten dieser Pflanzen. Sie waren sicherlich – und sind wohl hie und da heute noch – bedeutende Wegweiser und Schrittmacher menschlicher Entwicklung, wo ohne sie das menschliche Ich vielleicht nicht zur kräftigen Gegenwehr gekommen wäre (vgl. Weinstock!). Etwas, das wie Rausch oder Besessenheit über Menschen und Völker oder Menschengruppen hereinbrach – wenn eine dieser Pflanzen sich im Gebrauche der Menschen breit machte und frühere Bräuche und Sitten veränderte – das mußte den Beobachter von jeher stutzig machen. Es läßt ihn nach den Hintergründen suchen, die zu derartigen «Bewegungen» führen konnten. Sind es doch Bewegungen, die in keiner Weise für die Menschen ohne weiteres verständlich erschienen wie eine geistige, religiöse Bewegung. Oder steckt auch hinter jenen «Genuß-Bewegungen» ein berechtigter geistiger Impuls? Sie erscheinen unverständlich, weil sie – oberflächlich gesehen – sich gar nicht direkt an ein Geistesleben oder Erkenntnisstreben wenden. Deshalb erscheinen sie wie «ungewollt». Man sprach auch wohl von magischen Einflüssen. Sie wenden sich primär nicht an den Erkenntnispol des Menschen, sondern an seinen Willenspol. Das heißt aber, daß sie in seinen Stoffwechsel eingreifen und von dort her sein Willensleben beeinflussen. Er ist nicht mehr allein in seinem Willen, wenn diese Drogen auf ihn einwirken. Daß zumeist indirekt auch der Kopf- oder Nerven-Sinnes-

pol beeinflußt wird, könnte man beinahe als sekundäre Frage betrachten, wenn man in die Tiefen forschen will. Primär wird stets das Willensleben beeinflußt und daher auch besonders stark die Leber affiziert, die beim Genießen immer in Mitleidenschaft gezogen wird. Die Wirkungen gehen natürlich noch viel weiter. Sie werden dann bei den einzelnen Abhandlungen genauer untersucht und dargestellt.

Entscheidend für eine solche Untersuchung kann nur die Betrachtung des ganzen Menschen sein, die Frage wie seine Entwicklung und Evolutionsmöglichkeiten sich gegenüber den Drogen verhalten und bewähren. Da ergeben sich nun vielerlei Gesichtspunkte, von denen aus die Betrachtungen angestellt werden können: z. B. der Gesichtspunkt der «Wachheit» des Menschen, der von den Kaffeekonsumenten von jeher betont wurde und von den Entdeckern des Kaffeebaums und des Teestrauchs in der Legende belegt wurde. Man betrachte von dem Aspekte die anderen Genußmittel! Die spätere Gebundenheit an bestimmte geistige Strömungen ist unverkennbar. Kaffee ist das Getränk des Islams genannt und als Gegendroge gegen Wein und Alkohol dort besonders gefördert worden. Der Tee ist vom Buddhismus und anderen geistigen Bewegungen des fernen Ostens wohl kaum zu trennen. Der Tabak war in seinen Anfängen ein kultiviertes Mittel, um die Verbindung der Indianer mit den Naturgöttern ihrer Naturreligion aufrechtzuerhalten. Der Weinstock aber – wohl die älteste Genußpflanze – führt von Noah (Atlantis) über Judentum und die Völker des Orients sowie die griechisch-römische Kultur bis in das Christentum hinein, um dann mit der Hochzeit zu Kana eigentlich seiner Bedeutung für die Menschen und ihre weitere Entwicklung entkleidet zu werden.

Wenn man die Genußpflanzen daraufhin prüft, in welcher spezifischen Weise sie auf die Wesensglieder des Menschen wirken, wird man auf bestimmte Gründe stoßen, warum der Mensch die eine oder andere Droge in seinen Genußbereich erhoben hat und daran festhält. So ließen sich noch manche Aspekte finden, die uns das Auftreten bestimmter Pflanzen in den Zivilisationen der Menschen immer durchsichtiger zu machen scheinen, wenn auch die impulsierenden Kräfte, die dahinter stehen und wirken, ihre Masken kaum lüften.

Nicht der geringste Aspekt, die Genußpflanzen zu betrachten, ist die Art – Einfachheit oder Kompliziertheit – ihrer Verwendung. Man bedenke, wie bestimmte Blätter nur roh gekaut werden, wie einfach der ursprüngliche Teeaufguß der Chinesen war, und wieviel komplizierter eine gute Tasse Kaffee zu bereiten ist. Den weitesten Weg ging die Weintraube, bis sie zu dem umgewandelt wurde, was der Weintrinker erstrebt. Da wird eine Kraft der Traube durch menschliche Manipulationen erst in ein Pflanzengift umgewandelt.

Vom Kaffee

Es war einmal – so fangen alle Wahrheitsberichte an, die nicht der modernen Wissenschaft entspringen. Es war einmal in der Heimat des Kaffeestrauches, im Lande Abessinien, da hütete einst ein Hirte Kamele. Eines Nachts – das fiel ihm auf – waren die Tiere gegen ihre sonstige Gewohnheit so unruhig wie nie zuvor. Sie liefen die ganze Nacht umher. Am folgenden Morgen entdeckte der Hirte, daß die Kamele eine Anzahl von Büschen vollkommen kahl gefressen hatten. Er erzählte den Mönchen des nahen Klosters Kaffa von seinen nächtlichen Erlebnissen. Diese prüften die Büsche und verwendeten seit der Zeit die Blätter zu Aufgüssen, um sich damit bei ihren Gebeten und Meditationen wach zu halten. So wurde der Kaffeestrauch von Kamelen für die Menschheit entdeckt. Von Mönchen und Kamelen berichtet diese Legende. Sie verwendeten die Blätter des Kaffeestrauches. Von den süßen Beeren und ihren Kernen nahmen sie keine Notiz.

Legenden sprechen zumeist einen Kern von Wahrheit aus, doch darf man nicht die Hauptakteure dieser Legende verantwortlich machen für alles, was von da ab mit und durch den Kaffee geschah. Irgend jemand – darüber berichtet die Historie nichts – entdeckte anscheinend doch die Früchte dieses Baumstrauches. Er entnahm ihnen die Samen, und der seltsame Kult mit dem Kaffee begann seinen Weg von Arabien in die Welt. Dieser Kult ist, im Gegensatz zu dem um den Tee, ein sehr eigenartiger geworden, weil der Kaffee mit seinen Gaben – es handelt sich nicht um eine einzelne Substanz allein – an etwas im Menschen appelliert, was wir das menschliche Ego nennen. Der Weg des Kaffees vom Jemen, von Arabiens warmen Zonen um die ganze Welt ist gerade dadurch gekennzeichnet, daß er den einzelnen Menschen im Denken und Reden anscheinend stärker auf sich selber stellt. Er macht sein Denken folgerichtiger oder «solider», wie Rudolf Steiner es nennt. Er enthemmt den Menschen nicht etwa wie der Wein, er spinnt ihn auch nicht in sich ein wie der Tabak; aber er verleiht ihm oft etwas, was den Menschen

verführt zu glauben, er sei es selber, der da den intelligenten Redefluß, die Klarheit seines Denkens bewirke. Kaffee verleiht tatsächlich «Geistesgaben» oder leitet bestimmte Geisteskräfte in den Menschen, der ohne ihn in bezug auf diese Ansprüche bescheidener im Leben stände.
Wenn die Legende davon spricht, daß die Mönche aus Kaffa die Kaffeeblätter zu «Teeaufgüssen» verwendet hätten, um in ihren Meditationen und Gebeten wacher sein zu können, so wird man sich klar sein müssen: das Wachsein vermittelt der Kaffee. Er unterstützt sogar die Folgerichtigkeit des Gedankenablaufes, aber denken, bzw. Geistesinhalte in seine Seele bringen muß der Meditant schon selber.
Rudolf Steiner weist darauf hin, daß die durch Kaffee unbewußt erstrebten Wirkungen darin bestehen, daß er den physischen Leib des Menschen, d. h. den Gestalt und Struktur tragenden Organismus, in gewisser Weise von seinem zugehörigen Lebensorganismus abtrennt. Dadurch wird der eigentliche Gedankenträger im Menschen – das ist eben der Lebensorganismus (auch «Ätherleib» genannt) – stärker von der Strenge der physischen Gesetzgebung im physischen Leibe beeindruckt. Das tritt in der Tendenz zu klarer Gedankenbildung und zum folgerichtigen Ablauf derselben in Erscheinung. In dieser Beziehung haben andere Genußmittel durchaus andere Wirkungen. Natürlich bleibt es nicht ohne Bedeutung für den menschlichen Leib, wenn ihm sein innewohnender Lebensorganismus dann und wann und auch immer öfter oder schließlich regelmäßig – vielleicht sogar durch gesteigerte Quantitäten an Kaffee – relativ entzogen wird.
Es mag von besonderem Interesse sein zu verfolgen, wie im Laufe der Entwicklung der Kaffee, der vorher Jahrhunderte, vielleicht Jahrtausende hindurch unbekannt und unbeachtet blühte, fruchtete und verwelkte, urplötzlich ins Blickfeld der Menschen tritt und sie sich mehr oder weniger gefügig macht. Die historischen Daten und Tatsachen sind zum großen Teil unbekannt geblieben. Anscheinend ist es da ganz ähnlich gegangen wie mit anderen tiefgreifenden Genußmitteln. Als es «an der Zeit war», traten sie in Erscheinung. Sie lassen sich bis zu einer gewissen Zeitepoche zurückverfolgen, und dann sind die wahren Quellen nicht auffindbar. Nur die Legende belehrt uns dann über das Wesentliche, weil das Geistige sich in ihr ausspricht. Es gibt übrigens noch eine andere Version der obigen Legende, nach der es abessinische Zie-

gen waren, die sich in der beschriebenen Weise am Kaffeelaub gütlich taten.

Auf eine besondere Urkunde weist H. E. Jacob hin. Er bezieht sich auf Diderot und d'Alembert. Er zitiert den IV. Gesang der Odyssee, wo Homer schildert, wie Telemachos, des Odysseus Sohn, am Tische des Menelaos sitzt, den er auf der Suche nach seinem Vater aufgesucht hatte. Die Anwesenden reißt der Kummer des Sohnes und des Vaters mit. Sie sind dem Jammern und den Tränen hingegeben. Dann heißt es:

«Aber ein Andres ersann nun Helena, Tochter Kronions.
Schnell in den Wein warf jene, wovon sie tranken, ein Mittel,
Kummer zu tilgen und Groll und jeglicher Leiden Gedächtnis.
Kostet' Einer davon, nachdem in den Krug es gemischt ward,
Nicht an dem ganzen Tag benetzt' ihm die Träne das Antlitz,
Nicht, ob selbst gestorben ihm wär auch Mutter und Vater,
Nicht, ob den Bruder vor ihm, ob selbst den geliebtesten Sohn ihm
Töte feindliches Erz, und er mit den Augen es sähe.
Solcherlei Würze der Kunst hatt' Helena, Tochter Kronions,
Heilsamer Kraft, die einst die Gemahlin Thons Polydamna
Ihr in Aigyptos geschenkt, wo viel die nährende Erde
Trägt der Würze zu guter, und viel zu schädlicher Mischung;
Wo auch jeder ein Arzt und die Sterblichen all an Erfahrung
Überragt.»

Angesichts des Zweifels, der ihm auftaucht, erwägt Jacob an Hand der Schilderung von der Wirkung jener ägyptischen Droge – war es nicht «Haschisch»? –, daß sie genau wie das Coffein, wie der Kaffee die geschilderten Symptome hervorruft: Versiegen der Tränen. Ägypten reichte weit! Vielleicht gehörte Abessinien mit in den Bereich, wo die «chemischen Künstler» Ägyptens ihre Drogen bezogen? Es braucht uns keineswegs in Erstaunen zu versetzen, wenn die dortigen Mysterien auch solche Drogen kannten, die erst Jahrtausende später unter die Menschen kamen. Vorher waren sie für ihre Entwicklung überflüssig. Es ist doch immerhin auffällig, daß der Kaffee erst in den Bereich der äußeren Geschichte eintritt, als das sogenannte Bewußtseinszeitalter im Anbruch war. Zwar gibt es nach Jacob Hinweise, daß Ibn-Sina (Avicenna 980–1037 n. Chr.), der Philosoph des Islams, den Kaffee gekannt habe. Er, der heilkundige Araber, der die «Canones der Heilkunde» schrieb, die jahrhundertelang eine große Rolle in den europäischen und orientalischen Medizinschulen spielten, nannte den Kaffee aber so, wie er in Abessinien noch heute heißt: «bunc». Den Namen «Kaweh» führte diese Pflanze und das daraus gewonnene Getränk sonst bei den Arabern und Persern. Es gibt übrigens auch eine Legende, nach der Erzengel Gabriel dem ermüdenden Mohammed den Kaffee gebracht haben soll.

Blickt man auf das, was die Geistesforschung als die wesentliche Wirkung des Kaffees auf den Menschen kennzeichnet, dann kann man darüber erstaunt sein, daß der Kaffee historisch gerade in dem Augenblick seinen Siegeszug durch die westliche Welt antritt, als mit dem menschlichen Bewußtsein die gekennzeichnete Wandlung vor sich geht. Es war die Zeit nach dem 15. Jahrhundert, in dem die Bewußtseinsseele begann, sich im Seelenleben der mitteleuropäischen Menschen geltend zu machen. Diese Entwicklung kann nur zum Segen für den Menschen ausgehen, wenn sie durch ein «solides» Denken charakterisiert ist.

Es gab schon vorher eine Epoche, die in ganz ähnlicher Weise wie die moderne Geistesentwicklung sich gestaltete. Sie nahm eigentlich zur Unzeit diese Entwicklungsimpulse voraus und entfaltete im Orient bei den Arabern eine gleichartige Bewußtseinskultur. Vor diesem unzeitigen Vorläufer, über dessen Hintergründe hier keine Einzelheiten ausgeführt werden können, blieb Europa solange behütet und geschützt, bis es an der Zeit war. Auf diese Tatsache muß hier ausdrücklich hingewiesen werden. Innerhalb dieser arabischen Kultur, die dann nach und nach Europas Grenzen doch infiltrierte, spielt auch der Kaffee schon einige Jahrhunderte früher als in Europa eine bedeutende Rolle. Seine ganze Wesensart scheint begünstigend auf die neue Geistesströmung ausgerichtet zu sein. Da kann man an die Ausführungen Rudolf Steiners über Dionysos erinnert werden. Er schilderte, wie der jüngere Dionysos das «makroskopische Gegenbild unseres intellektuellen Ich, die über die Erde schreitende Intelligenz» im griechischen Mythos darstellt. Durch den jüngeren Dionysos wurde die intellektuelle Kultur in der Menschheit verbreitet. Auf diese Zusammenhänge bezieht sich die Legende, er habe auf seinem Zuge durch den Orient – nach Indien, Arabien und den anderen Staaten – die Menschen die Wissenschaften und den Ackerbau gelehrt.

Wir stehen vor der seltsamen Tatsache, daß nicht nur der Wein, sondern anscheinend auch der Kaffee in den Bereich dionysischen Wirkens gehört. Das Wort «kaweh» soll sogar «Wein» bedeuten (Jacob). Beide erscheinen wie zwei Polaritäten. Sie bewirken einerseits Ähnliches im Menschen – darüber werden im Kapitel «Weinstock» eingehendere Ausführungen gemacht – und sind andererseits gewaltige Gegensätze, so daß das Wirken des Kaffees erst sinnvoll erscheint, nachdem der Wein seine Mission erfüllt hat.

A. Usteri berichtet, daß der Kaffee in Arabien um das Jahr 1000 ganz anders genossen wurde als heute. Man trank dort nicht mehr Teeaufgüsse von den Blättern, sondern aß die in Zucker kandierten und in Fett geschmorten Kaffeekirschen. Das Fruchtfleisch wird nicht so viel von der uns bekannten Kaffeewirkung vermittelt haben. Die gegenwärtige Kaffeebereitung, zu der die vom Fruchtfleisch entkleideten Samen genommen werden, kam viel später auf und soll zuerst im Jahre 1511 in den islamischen Zentren Mekka und Medina stattgefunden haben. Von da ab ging die Verbreitung des neuen Getränkes sehr schnell. 1517 wurde das erste Kaffeehaus in Konstantinopel, 1573 eins in Aleppo eröffnet. Der Kaffee wurde jedoch keineswegs überall in gleicher Weise begrüßt und verehrt. Von den Priestern wurde er als «schwarzes Teufelsgetränk» bezeichnet, das dem Kaffeetrinker Höllenqualen eintragen würde. Im Jahre 1542 ließ der Großvesir Kaffeetrinker in Konstantinopel sogar in Ledersäcke einnähen und in das Meer werfen.

Was ist das nun für eine Pflanze, die von den Hochebenen Abessiniens herabstieg und schließlich in ganz Afrika und Amerika, besonders in Brasilien, zu einem so wertvollen und begehrten Kulturgewächs geworden ist?

Zu den Krappgewächsen (Rubiacen), die bei uns durch die Meistergewächse (z. B. Waldmeister) und durch die Labkräuter vertreten sind, gehört der *Kaffee* (Coffea). In etwa 50 Arten verteilt sich die Gattung besonders in Afrika, einige auch in Südasien bis Neuguinea. Hohe Sträucher oder kleine Bäume bilden die Coffea-Arten. Die wichtigste ist Coffea arabica, die aus Abessinien stammen soll. Sie bildet Bäume bis zu 5–6 m Höhe, die mit den von unten aus abstehenden Zweigen eine Art von Pyramidenform bilden. Tiefgehende Pfahlwurzeln werden entwickelt. Üppig belaubte, lange Zweige, an denen die dunkelgrünen, ledrigen Blätter gegenständig, breitoval mit kurzen Spitzen auf kurzen Stielen sitzen, ragen in die tropisch warme Luft hinaus. Auffallend ist die üppige Blütenpracht in den Blattachseln, in denen die sternförmi-

gen weißen Blüten – ähnlich den Jasminblüten – zur Entfaltung kommen. Die Verteilung von gegenständigen Blättern mit ihren Achselblüten erscheint nahezu rhythmisch. Die fünfstrahligen Blüten verströmen einen jasminartigen Wohlduft, der fast betäubend wirkt. Sie zeitigen nach 7–12 Monaten – je nach Art und Standort – kirschenartige Früchte (Kaffeekirsche), die rotes, süßes Fruchtfleisch enthalten, das relativ saftig ist. Der Anblick einer blühenden oder fruchtenden Kaffeeplantage ist immer recht erfreulich und herzerfrischend. In der Frucht entwickeln sich zwei plankonvexe Samen, die mit ihrer flachen Seite einander gegenüberliegen. Eine gelblich-hornige Schale umhüllt jeden. Der sehr harte Samen ist noch von einer silberfarbenen Samenhaut umgeben. Das ist die Kaffeebohne. Nur der sogenannte Perlkaffee entwickelt in der Frucht einen einzigen, nahezu runden Samen.
Die Kaffeebohne zeigt als Samen Nährgewebe (Endosperm) mit kräftigen Zellwänden aus Hemizellulosen und Zellinhalt aus Proteinstoffen (Aleuron) und fettem Öl. In der Bohne liegt der kleine Keimling mit herzförmigen Keimblättern unter der runden Rückenwölbung. Der chemischen Analyse der Bohnen von Coffea arabica, auf die später nochmals eingegangen wird, ergaben sich Coffeinmengen von 0,8 % bis 2,5 %. Andere Angaben sprechen von 1–1,5 %. Es gibt auch Sorten, die fast kein Coffein enthalten. Auch die Blätter des Kaffeebaumes enthalten Coffein: die jungen 1,6 %, die alten 1,1 %. Somit hatten die Kamele wie die Mönche durchaus recht, sich an die Blätter zu halten. Sie hatten insofern noch den besseren Instinkt als ihre Nachfolger – die Samenkonsumenten –, als die Blätter noch mehr auf Kreislauf und Rhythmus in ihrer Wirkung ausgerichtet sind, während die «Bohnen» – als Samen – direkt stärker das Herz beeindrucken, unabhängig von ihren unterschiedlichen Coffeinmengen. Auch das Fruchtfleisch birgt in geringer Menge Coffein.
Am häufigsten wird Coffea arabica angebaut. Sie bevorzugt höhere Lagen und gedeiht am besten in der Tropenzone in Höhen von 600 bis 1200 m bei mittlerer Jahrestemperatur von 17 bis 20° C. Diese Kaffeeart braucht reichliche Regenmengen. Abänderungen der genannten Kulturbedingungen verändern sofort die Qualität und fördern die Anfälligkeit für Krankheiten. Coffea liberica ist nicht wie Coffea arabica – der Bergkaffee – eine Bergpflanze, sondern eine Tieflandpflanze. Diese Kaffeeart verlangt noch mehr Feuchtigkeit und höhere Temperaturen.

Zweig vom Kaffeebaum mit Achselblüten und Fruchtansätzen; Frucht im Durchschnitt und einzelne Samen – die «Kaffeebohnen»

Sie gedeiht im Tiefland bis höchstens 50 m hinauf. Der Liberiakaffee wird als Baum höher als der arabische – etwa 10 bis 15 m hoch –, doch wird er in der Buschform gehalten, um ihn leichter abernten zu können. Er ist im ganzen, d. h. auch in seinen einzelnen Organen, kräftiger und größer.

Lockerer Urwald-Humusboden ist für die Kultur am günstigsten. Durch ihn dringt die Pfahlwurzel tief in die Erde. Man rechnet bei Coffea arabica erst vom 6. Jahr ab mit Vollernten. Die Pflanzen werden entweder aus Samen gezogen oder durch Pfropfung wertvoller Sprosse gewonnen. Zwischen dem 10. und 14. Jahre gibt die Pflanze die größten Erträge. Nach etwa 20–30 Jahren werden die alten Pflanzen durch junge ersetzt. Charakteristisch für diese Kulturpflanze ist ihre Empfindlichkeit gegen Wind und direkte Sonnenbestrahlung. Gerade Coffea arabica braucht dringend Beschattung durch andere Pflanzen. Daß so empfindliche Kulturpflanzen bei ihren Neigungen zur Feuchtigkeit auch unter vielen Schädlingen – pflanzlicher und tierischer Art – zu leiden haben, ist verständlich. Es ist vorwiegend ein Rostpilz, der ihnen zusetzt. Dieser Pilz vernichtet auch anfänglich nicht anfällige Arten. Ceylon hat seine ganze Kaffeekultur durch diesen Pilz verloren. Im Jahre 1868 trat er dort zuerst auf. Im Jahre 1875 mußte Ceylon sich auf die Tee-Kultur umstellen.

Wenn die Regenzeit vorüber ist, beginnt die Blütenbildung des Kaffees. Es gibt mehrere Blütezeiten – Vor-, Haupt- und Nachblüte. Je besser die Früchte dann ausgereift sind, um so besser ist die Qualität des Kaffees.

Süd- und Mittelamerika sind heute die bedeutendsten Kaffeeanbaugebiete. Dort baut man überwiegend die Coffea arabica. Etwa die Hälfte, früher über 60 % aller Kaffeeproduktion der Welt liefert Brasilien. Besondere Qualitäten sind bekannt aus Kolumbien, Guatemala, Costarica und San Salvador. Mittelamerika ist mit etwa 20 % an der Weltkaffeeproduktion beteiligt, aber auch Afrika, besonders das östliche Afrika, hat beachtlichen Kaffeeanbau, wo die Coffea arabica gepflegt wird. In Westafrika kultiviert man mehr die Coffea liberica, deren Heimat in Angola zu suchen ist. Die eigentliche Heimat des Kaffees, Abessinien, birgt auch heute noch wildwachsenden Kaffee. In Mexiko kultiviert man seit einigen Jahren Kaffee nach biologisch-dynamischen Methoden, der also frei ist von allen modernen Giftmitteln, die angewendet werden, um die erwähnten Schädlinge zu

Kaffezweig mit Blüten Foto Kaffee HAG

Kaffeekirschen Foto dpa

Pflücken der reifen Kaffeekirschen Foto dpa

vernichten. Von diesen Giftmitteln wird immer auch etwas in dem genossenen Kaffee wirksam.
Ist Afrika bzw. Abessinien die botanische Heimat des Kaffees, so ist Vorderasien (Arabien) der eigentliche Ausgangspunkt für die Kaffeekultur, wie sie heute gepflegt wird. Im Jemen wird seit dem 14. Jahrhundert Kaffee angebaut und über den Hafen Mokka ausgeführt. Von dieser Stadt rührt der Name des dunklen Kaffees her. Heute erfolgt die Ausfuhr arabischen Kaffees überwiegend über Aden und Hodeida. – Ein bedeutendes Kaffeeanbaugebiet liegt auch in Südostasien, das mehr als 6 % der Welternte hervorbringt. Der Java-Kaffee ist der bekannteste aus jener Gegend. Er kommt vor allem von Coffea robusta, die qualitativ nicht an die Coffea arabica heranreicht.

Ein Blick auf die Zurichtung des Kaffees mag den Bericht über diese tropische Frucht abrunden, ehe die Wirkung näher untersucht wird. Nach der Ernte erfolgt die sogenannte Aufbereitung des Kaffees, die im wesentlichen zwei Methoden unterscheidet. Nach der westindischen Methode, auch die nasse Aufbereitungsart genannt, werden die frisch geernteten Kaffeekirschen im «Pulper» gequetscht. Das ist eine Maschine, die das Fruchtfleisch entfernt. Ist dieses süße Fleisch von dem Samen getrennt, dann werden noch haftengebliebene Reste durch Gärung oder Fermentation von der Pergamentschale der Samen dadurch beseitigt, daß sie durch diesen chemischen Vorgang verflüssigt werden. Die Fermentationszeit ist abhängig von der Temperatur und dauert 1½–5 Tage. Hat die Gärung ihr Werk verrichtet, dann wird der Kaffee in großen Bassins gewaschen, wobei das verwendete Wasser ständig erneuert wird. Anschließend wird er in der Sonne oder in besonderen Trockenvorrichtungen getrocknet. Ist der Kaffee trocken, dann wandert er durch Schälmaschinen, die die Pergamentschale und das Silberhäutchen beseitigen.
Die *trockene* Aufbereitungsart, deren man sich besonders in Brasilien bedient, verwendet kein Gärungsverfahren. Man läßt die Früchte als ganze trocknen. Das dauert – je nach der Witterung – mehrere Tage bis Wochen. Die vollkommen trockenen Früchte werden dann in Schälmaschinen von allen Hüllen, welche die Samen umgeben, befreit. Je nach der Aufbereitungsart bezeichnet man die gewonnene Ware als gewaschenen oder ungewaschenen Kaffee. Zur Schönung werden die Samen zu-

weilen noch gefärbt und poliert, wodurch ihre Qualität aber keineswegs angehoben wird.
Den besten Kaffee lassen die Eingeborenen in Java sich durch ein Tier «fermentieren». Es ist der sogenannte «Luak-Kaffee». «Luak» ist ein Tier, das der Zibetkatze verwandt ist. Es ist ein Feinschmecker und besucht zur Reifezeit der Kaffeekirschen besonders gern die Plantagen. Die saftigen Kirschen verschwinden im Magen der Tiere. Die Samen kann es aber nicht verdauen. Sie finden sich dann in Massen in der Losung, die die Eingeborenen auf «Kaffee» hin untersuchen. Diesen Kaffee schätzen die Eingeborenen als die beste Sorte, zumal der Luak immer nur die reifsten und gesundesten Früchte genießt.

Die wesentliche Wirkung des Kaffees, um derentwillen er genossen wird, nämlich die auf die Wesensglieder des Menschen, wurde vorweg schon betont. Der toxikologische Einfluß auf die leiblichphysischen Organe soll im folgenden kurz dargestellt werden. Wie bei jeder Giftaufnahme bleiben natürlich sowohl bei akuter – mehr oder weniger starker – Vergiftung wie bei chronischem Gebrauch bestimmte Organe nicht unbeeinträchtigt. Es kann sogar zu starken Organ- oder Organsystemschäden kommen, die sich dann in vielerlei Symptomen offenbaren.
In seiner Toxikologie schreibt L. Lewin: «Die chronische Kaffee- und Teevergiftung kommt häufig vor, wird aber selten erkannt.»
Vergiftungen können schon nach vier und weniger Tassen starken Kaffees auftreten. Die Verträglichkeit ist natürlich individuell verschieden. An der Giftwirkung sind die Röstprodukte des gebrannten Kaffees beteiligt. Sie wirken erregend auf das Gehirn. Das Kaffeeöl (Kaffeon) enthält Pyridinbasen und viel Furfurolalkohol. Bei Intoxikationen, die durch den Kaffeeaufguß entstehen, zeigen sich Erscheinungen wie unerträgliche Hitze mit Blutandrang zum Kopf, Angstzustände, Schweißausbrüche, Atemnot, Herzklopfen, Absinken des Pulses, Fieber, Kopfschmerzen, Sprachlosigkeit, Schwindel, Unterleibsbeschwerden wie Stechen, Harndrang mit Unfähigkeit, den Harn zu entleeren. Allgemeines Zittern und Delirien können auftreten.
Für manche Kranke sind koffeinhaltige Getränke unzuträglich. So können sie z. B. bei Epileptikern – nach einem Stillstand des Leidens – neue Anfälle auslösen. Für blutarme und gesundheitlich heruntergekommene Menschen ist Kaffee ein ungeeignetes Getränk. Auch der Or-

ganismus kräftiger Menschen kann der toxischen Wirkung oft nicht widerstehen. Es ergeben sich Störungen wie Appetitverlust, Dyspepsie, Schmerzen im Magenbereich, Übelkeit, Neigung zu Erbrechen und Verstopfung. Magen und Darm erkranken. Der Blutkreislauf reagiert mit Störungserscheinungen; das Herz wird angegriffen; Anfälle von Herzangst und Herzklopfen treten auf. Auch im Bereich des Nerven-Sinnes-Systems ergeben sich krankhafte Erscheinungen wie Herabminderung der Geschmacks- und Geruchsfähigkeit. Ohrensausen und Sehstörungen sind keine seltenen Symptome chronischen Kaffeegenusses. Daß Kaffee bei Gallensteinträgern Koliken auslösen kann, dürfte bekannt sein. Neuerdings wird der ständigen Kaffeeaufnahme auch die Verantwortung für die vermehrte Cholesterinbildung im Blute zugeschrieben, so daß die Verbindung zur Bildung der Cholesterinsteine in der Gallenblase nicht ganz abwegig zu sein braucht. Daß Kaffeetrinker oft neurasthenische Symptome entwickeln, zeigt die Erfahrung: jedes Geräusch ist ihnen unangenehm und läßt sie zusammenschrecken. Herabsetzung der Muskelkraft macht sie unfähiger zur Arbeit, bringt ihnen depressive Stimmungen, die nur kurz durch neuerlichen Kaffeegenuß aufgelichtet werden. Es treten Gefühlsstörungen im Sinne einer Überempfindlichkeit oder eines Gefühlsverlustes am Körper und an seinen Gliedern auf. Zittern der Hände, Schlafstörungen, Halluzinationen des Gehörs sind keine seltenen Symptome.
Erst absolute Enthaltsamkeit vom Kaffee beseitigt allmählich die krankhaften Störungen wieder.
Daß auch Kaffeesurrogate krankhafte Erscheinungen verursachen können, ist für den Kaffeetrinker kein echter Trost. Zichorienkaffee verursachte Sehschwäche, die wieder verschwand, als der Genuß aufgegeben wurde. Von ähnlichen Sehstörungen wurde auch nach Aufnahme anderer Röstprodukte berichtet, z. B. von Mohrrüben, Schwarzwurzeln und Getreidekörnern. Es wird vermutet, daß die Röststoffe bzw. Pyridinbasen derartige Wirkungen erzeugen.
Die wichtigste Störung betrifft die Leber, die wie bei allen Genußgiften am stärksten zu leiden hat, ohne sich melden zu können.

Die Wirkung des Kaffees ist in der Neuzeit unter der Lupe des analytischen Denkens und Forschens vielfach untersucht und beurteilt worden. Natürlich stand bei diesen Untersuchungen der oben gekennzeichnete geisteswissenschaftliche Gesichtspunkt der Wesensglieder nicht Pate. Dadurch ergaben sich zwar eine Fülle wertvoller Einzelergebnisse, die sich teilweise auch widersprachen, doch haben sie keine umfassendere klärende Bedeutung für die offensichtlichen Kaffeewirkungen. Es bleibt vorerst bei den Kontroversen um einzelne «Wirkstoffe». Dadurch gibt es Parteien, die für oder gegen das Koffein Stellung nehmen, und als Folge natürlich entsprechende wirtschaftliche Unternehmungen, die aus den oppositionellen Meinungen die wirtschaftlichen Voraussetzungen ihrer Existenz geschaffen haben.

Ein kurzer Überblick über die zahllosen Bemühungen, den Kaffee von der chemisch-medizinischen Seite her zu durchschauen, mag im nachfolgenden darüber aufklären, wie weit ein solches analytisches Vorgehen zum Ziel führt. Natürlich müssen wir uns darüber klar sein, daß die zahlreichen Analysen mit ihren interessanten Resultaten an Inhaltsstoffen der verschiedensten Art in keiner Weise etwas über die seelischen Wirkungen des Kaffees aussagen können. Das Koffein, das dafür verantwortlich gemacht wurde, erzeugt weder als reine Substanz noch durch andere Pflanzen, die gleiche oder größere Mengen Koffein enthalten, gleiche Wirkungen wie der Kaffee. Koffein wird immer als wesentliche Kaffeesubstanz angesehen. Neben ihm treten im grünen wie im gerösteten Kaffee Substanzen in Erscheinung, die wiederum in keiner Weise die eintretenden seelisch-geistigen Wirkungen erklären könnten.

H. G. Maier berichtet, daß die Alkaloide Koffein und Trigonellin, daß Chlorogensäure, Histamin, Mercaptane, Schwefelwasserstoff und flüchtige Phenole des Kaffees «relativ starke physiologische Wirksamkeiten besitzen». Er schreibt aber auch, daß «der Bohnenkaffee ein sehr kompliziert zusammengesetztes Lebensmittel ist, daß deswegen seine Analytik oft schwieriger ist als die anderer Lebensmittel und daß bis zur vollständigen Ermittlung seiner Bestandteile noch ausgedehnte Forschungsarbeit nötig sein wird».

Auch heute sind also die Zerfallstoffe des Kaffees noch keineswegs alle erkannt. So ist auch das ätherische Röstöl, das für das Kaffeearoma verantwortlich sein soll, noch nicht voll durchforscht. Es soll 300 Substanzen enthalten, von denen erst etwa 200 identifiziert werden konnten. Die Substanzen geben uns nur annähernde Hinweise auf die Wirkung des Kaffees. Die Signatur der Pflanze, wie sie W. Pelikan beschreibt, führt schon auf deutliche Fährten, welche die Erfahrungen mit dieser Pflanze bestätigen. Er weist darauf hin, wie sich am Sproß «Knoten auf Knoten in rhythmischer Folge», entwickeln, und wie sich um die «Blattachseln die schönen weißen, jasminduftenden, fast das ganze Jahr sich entfaltenden Blüten» häufen. «Der intensive Blütenprozeß ist also stark mit dem rhythmischen Blattprozeß verbunden, in ihn hineingezogen bis an den Stamm.» Auch in den chemischen Vorgängen, soweit sie bekannt sind, bis in die «Verholzung» des Samens zeigen sich Vorgänge, die über die Pflanze etwas aussagen. «Die holzige Verhärtung zeigt, wie die Wurzel-Stamm-Erden-Impulse sich bis in den Samen hinein fortsetzen. Ein schönes Gleichgewicht zwischen Eiweiß, Fett und Kohlehydrat ist aber für die Samenbildung dieser Pflanze charakteristisch. Das der Harnsäure chemisch sehr nahestehende Koffein (jene ist ein Trioxy-purin, dieses Trimethyl-dioxy-purin) ist durch die Gerbsäure neutralisiert.»

Die geisteswissenschaftliche Forschung brachte eigentlich das Wesentliche der Kaffeewirkung sehr deutlich heraus, von der aus die Erfahrungstatsachen für den verständlich werden können, der sich die Realität der menschlichen Wesensglieder zu eigen macht. Rudolf Steiner weist in bestimmten Zusammenhängen darauf hin, wie dieses Genußmittel wirkt.

«Was die Verdauung auf einem gewissen niederen Gebiete ist, das ist die Denktätigkeit auf einem höheren Gebiete. Dasselbe, was Sie in dieser Denktätigkeit bewirken, wenn Sie logische Übungen machen, dasselbe bewirkt in der Verdauung ein ganz bestimmtes Substrat. Das ist der Kaffee. Was man dem Magen antut mit dem, was Kaffee ist, das tut man dem Denken an, indem man praktische, logische Übungen macht. Wenn man Kaffee trinkt, so fördert man in gewisser Beziehung gerade die logische Folgerichtigkeit. Die Zuführung des Kaffees bedeutet eine Steigerung derjenigen Tätigkeit, die für die Verdauung der logischen Folgerichtigkeit entspricht.»

In einem medizinischen Vortrage heißt es:

«Der Kaffeegenuß bringt rhythmische Prozesse, wenn der Mensch seelisch nicht stark genug ist, sie zu regulieren, in eine gewisse Regulierung hinein.»

«Kaffee trinken wir eigentlich aus dem Grunde, damit eine fortwährende Rhythmisierung zustande kommt zwischen unseren inneren

Organen und dem, was in der Nachbarschaft der Organe geschieht mit den aufgenommenen Nahrungsmitteln.»

Bei der eigenartigen und bedeutsamen Wirkung des Kaffees ist es verständlich, daß er Anlaß bot zur Gründung von Kaffeehäusern, was dann in der Folge dazu führte, daß geistvolle Menschen sich dort zusammenfanden zu geselligen und anregenden Gesprächen. Die Wiener Kaffeehäuser sind berühmt geworden durch ihre Künstler- und Journalistenstammtische. Der Kaffee war aber keineswegs bei allen Künstlern in gleicher Weise in Gunst.

Bekannt ist Goethes Äußerung darüber in einem Brief an die Frau v. Stein vom 1. Juni 1789:

«Unglücklicherweise hast Du schon lange meinen Rat in Absicht des Kaffees verachtet und eine Diät eingeführt, die Deiner Gesundheit höchst schädlich ist. Es ist nicht genug, daß es schon schwer hält, manche Eindrücke moralisch zu überwinden, Du verstärkst die hypochondrische quälende Kraft der traurigen Vorstellungen durch ein physisches Mittel, dessen Schädlichkeit Du eine Zeitlang wohl eingesehen und das Du, aus Liebe zu mir, auch eine Weile vermieden und Dich wohl befunden hattest.»

Johann Sebastian Bach hätte aber wohl kaum seine «Kaffeekantate» komponiert, wenn er nicht so empfunden hätte, wie er es ausdrückt:

«Wie schmeckt der Kaffee süße, lieblicher als tausend Küsse, milder als Muskatellerwein.»

Kaffee wirkt also nicht nur gegen Tränen (s. oben), sondern auch gegen Küsse, und gegen den Wein wurde er von jeher von den Mohammedanern empfohlen, nur hebt er dessen Wirkung nicht auf, wie immer angenommen wird.

Das Schicksal nimmt seltsame Wege. Unsere heutige Kenntnis, daß der Kaffee Koffein enthält, verdanken wir den ersten Untersuchungen Runges (1830), der das Koffein als den wichtigsten Wirkstoff des Kaffees entdeckte. Den Kaffee aber, den Runge untersuchen konnte, um zu seiner Entdeckung zu kommen, verdankte er wiederum dem Kaffeegegner Goethe, der ihm die Kaffeebohnen schenkte.

Ein wieder anderes Urteil über den Kaffee erfahren wir aus einem Gespräch, das Goethe mit Schiller hatte. Sie hatten sich über die Stimmung unterhalten, aus der heraus ein Gedicht am besten entstehen würde.

Goethe erzählt:

«Da hat mir mein Freund Richter ganz andere Lichter aufgesteckt, indem er mich versicherte, daß es mit der Stimmung Narrenpossen seien; er brauche nur Kaffee zu trinken, um so gerade von Haut Sachen zu schreiben, worüber die Christenheit sich entzücke.»

Das war also Jean Pauls Einstellung zum Kaffee, von dem er täglich bis zu 16 Tassen trank.

16 Tassen Kaffee rufen bei dem einen Dichtwerke hervor, bei anderen erkältungsähnliche Erscheinungen, wie aus einem bemerkenswerten Bericht aus der medizinischen Presse hervorgeht, nach denen eine Kellnerin sechs Monate lang «Symptome einer Erkältung» zeigte. Im Journal of the American Medical Association berichtet H. A. Reimann von dieser 39jährigen Kellnerin, daß sie fast täglich erhöhte Temperatur, Schüttelfrost, Schlaflosigkeit und Reizbarkeit zeigte. Sie verlor 20 Pfund an Gewicht und wurde ins Krankenhaus gebracht. Dort wurde die tägliche Kaffeeration von 15–18 Tassen auf eine Tasse täglich herabgesetzt. Nach fünf Tagen verschwanden sämtliche Krankheitssymptome. – Man muß auch wissen, daß Nikotin und Schlafmittel die Reaktion auf den Kaffee verstärken können.

Die übliche Volksmeinung, daß Kaffee ein Wachhaltemittel für Autofahrer sei, ist wissenschaftlich längst widerlegt. Es wurde nachgewiesen, daß lediglich unmittelbar nach dem Genuß koffeinhaltigen Kaffees eine geringe Steigerung der Konzentrationsfähigkeit und der Reaktionsbereitschaft zu registrieren ist. Diese Steigerung hält nur kurz an und sinkt dann unter das Maß herab, das vor dem Kaffeegenuß festgestellt wurde. – Auch bei der sogenannten «vegetativen Dystonie», bei der Unterdruckbeschwerden und Herzsymptome auftreten, versagt der Kaffee vollkommen. Er vermittelt eine kurze Zeit lang eine Anregung, um dann erhebliche funktionelle Regulationsstörungen mit Absinken des Blutdrucks und anderen vegetativen Symptomen zu zeitigen. Kaffee ist daher kein Getränk für vegetativ gestörte Menschen. Es ist wie bei allen Giften. Um sie zu verkraften, muß eine kräftige Konstitution vorliegen. An so schwere Aufgaben können sich «Schwächlinge» nicht ohne ernste Folgen heranwagen. Auch die «Starken» werden sich immer klar sein müssen, daß die Pflanzenheit ihnen im Kaffee einen ganz Starken aus ihrem Bereich gegenüberstellt, daß sie sich also in den Genußgiften immer mit geistigen Kräften auseinandersetzen, deren Folgen nicht ausbleiben; denn man kann nichts unverbindlich tun.

Der Tee des Ostens

Die weiße Menschheit lernte den Tee erst kennen, als er im Bereich Chinas und Ostasiens schon eine lange Entwicklung hinter sich hatte. Zur Zeit der Ming-Dynastie (1368–1644) wurde er in Europa bekannt. Damit übernahm man gleich die Form der Teebereitung, die bis heute üblich ist: man überbrühte die Teeblätter mit heißem Wasser.

Vorher gab es schon andere Bereitungsarten, die der Japaner Kakuzo Okakura in seinem «Buch vom Tee» schildert. Der Ming-Dynastie voraus ging die Zeit der Sung-Dynastie (960–1127), in welcher der Tee «geschlagen» wurde. Die getrockneten Teeblätter wurden in «einer kleinen Steinmühle aus schwarzem Serpentinstein» zu Pulver zermahlen und anschließend in heißem Wasser mit einem Besen aus fein aufgespaltenem Bambus geschlagen.

Geht man noch weiter zurück, dann findet sich zur Zeit der Tang-Dynastie (618–907) die Bereitung des Tees aus dem sogenannten «Ziegeltee». Ziegeltee wurde regelrecht gekocht, und der Blättertee wurde gebrüht.

Die Teepflanze – Thea chinensis, direkte Verwandte der Kamelie – hatte angeblich Südchina als Heimat. Von dort trat sie ihren Weg über die Erde an; doch gedeiht sie nur in bestimmten Gegenden. Im alten China hatte sie verschiedene Namen, die sich in der damaligen Pflanzen- und Heilkunde finden: T'u, Sheh, Ch'an, Kia und Ming. Man schrieb ihr die Kraft zu, «Müdigkeit zu vertreiben, die Seele zu erquikken, den Willen zu stärken und die Sehkraft zurückzugeben». Sie wurde innerlich und äußerlich angewandt. Eine Teepaste linderte angeblich rheumatische Schmerzen. Das sind Indikationen für die Anwendung der «Heilpflanze» Tee, die unter dem Aspekt betrachtet werden müssen, daß die östlichen Menschen gegenüber den westlichen durchaus unterschiedlich geartet sind.

Der Tee war bei den späteren Anhängern des Buddha, des Konfutse, des Laotse ein bevorzugtes Getränk. Den Buddhisten wurde er das besondere Mittel, die Wachheit, wie sie sie meinten, während der Meditationen zu erhalten. Mit dieser Verwendung ist eine Tee-Legende verbunden, die seinen Ursprung bzw. seine Entdeckung charakterisiert. Hier waren es weder Kamele noch Ziegen, sondern ein buddhistischer Heiliger, der dem Strauch den Weg in das Bewußtsein der Menschen öffnete. Diese Legende berichtet, daß Dharma (465 n. Chr.), ein hoher buddhistischer Würdenträger, aus Indien kommend, um den Chinesen die Heilslehre Buddhas zu bringen, bei seinen nächtlichen Meditationen dem Schlafe nicht widerstehen konnte. Aus Zorn über seine immer wieder vergeblichen Bemühungen schnitt er seine Augenlider ab und warf sie von sich. Wo sie den Boden berührten, wuchsen sofort ein paar Sträucher mit schönen Blüten. Er nahm Blätter vom Strauche, kochte sie, trank den Absud, und das Wunder geschah –, er wurde nicht müde. Das geschah im 5. Jahrhundert nach Christi Geburt, also fast 1000 Jahre nach Buddhas Heimgang.

Ob der Teestrauch bereits früher als Spender seiner wachhaltenden Blätter bekannt war, ist nicht belegt, aber doch wahrscheinlich. Damit wäre der Tee – wenn man von Milch und Wasser absieht – nach dem Wein (s. Genesis) das zweitälteste Getränk der alten Welt. Erst 400 Jahre später scheint die erste Nachricht vom Tee nach Europa gedrungen zu sein. Sie berichtet, daß in Kanton die Hauptstaatseinnahmen in der Salz- und Tee-Steuer bestanden. Aus der Zwischenzeit gibt es mancherlei östliche Belege, nach denen der Tee dort eine bedeutende Rolle gespielt hat. Anfang des 9. Jahrhunderts wurde er erstmalig in Japan aus Samen gezogen. Aus Stecklingen läßt sich Thea chinensis nicht fortpflanzen.

Europa wird schließlich ungefähr zur gleichen Zeit vom Tee ergriffen wie durch den Kaffee. 1559 und 1598 erschienen Berichte über die Teewirkungen, und 1610 landete der Tee selbst zum ersten Male in Europa, und zwar in Holland. Der Kaffee kam vom Süden aus Afrika, der Tee aus dem Osten Asiens. Er landete fast zu gleicher Zeit auf dem Seewege in Westeuropa und erreichte Osteuropa auf den Karawanenwegen in Rußland.

Die Teegewächse, zu denen Thea chinensis als eine Gattung gehört, sollen nach O. Warburg eine alte Pflanzenfamilie sein:

«Schon aus der zerstückelten Verbreitungsweise sowie dem Vorkommen

Zweig vom Teestrauch mit Achselblüten; Fruchtkapseln

der Familie auf alten Landbrocken wie Madagaskar ergibt sich ein hohes Alter der Familie, ebenso aus der Gattungsgemeinschaft Amerika–Asien.»

Dabei ist aber wohl zu merken, daß der Teebaum selbst – nach den Angaben in der Literatur – ursprünglich nur in Südchina, im nördlichen Hinterindien, in Assam und auf der Insel Hainan wild gefunden wurde. Ganz allmählich wurde er durch Kultur verbreitet und gedeiht heute vor allem in China, Japan, Tibet, Indien, auf Ceylon, Sumatra und Java. Auch in Ostafrika hat er durch die Plantagen der Firma Boehringer Wurzeln geschlagen. Wie in einem stark erweiterten Halbkreis umgeben die wesentlichen heutigen Teekulturgebiete die Gegenden der versunkenen Lemuris mit ihren «alten Landbrocken wie Madagaskar».

Die Kulturform der Thea chinensis ist zumeist die Strauchform. Nur wenn man Samen zur Saat gewinnen will, läßt man die natürliche Baumform sich voll entwickeln und nimmt von ihr die Samen. Zur Gewinnung der Teeblätter zieht man sie als Strauch von unterschiedlicher Höhe. Der chinesische Tee wird in kühleren Gegenden wie in tropischen Gebirgen 1–2 m hoch gehalten. In den Tropen, wo der Assamtee gezogen wird, erreichen die Sträucher Höhen von 2–3 m. Der Assamtee entfaltet größere und hellere Blätter, die weniger lederig sind als der Chinatee. Er ähnelt mehr der erwähnten wilden Stammform. Mischlinge beider Arten werden auch in mittleren Höhengebirgen kultiviert. Der niedrig gehaltene Strauch verzweigt sich sehr üppig, weil die Erdkräfte, die sich sonst im Stamm ausleben, durch das ständige Zurückschneiden gewaltig nachdrängen. Die jungen Blätter und Sproßspitzen sind weiß-seidig behaart. Der übrige Strauch ist unbehaart. Die kurz gestielten, am Rande grob gesägten Blätter erreichen Längen von 2 bis 12 cm und Breiten von 1,5 bis 5 cm. Die Blattrippen treten stark hervor. Die langovalen bis langeiförmigen Blätter sind dunkelgrün und lederig fest.

Jasminartigen Duft verbreiten die ebenfalls kurzgestielten fünf- bis sechsblättrigen Blüten, die einzeln oder zu dritt den Blattachseln entwachsen. Sie sind etwas größer als Kirschblüten und etwas kleiner als Kamelienblüten. Ihre Farbe ist weiß, oft mit einem rosa Anflug. Auffallend ist die Entfaltung sehr zahlreicher Staubgefäße. Die sich entwickelnde Kapselfrucht zeigt Fächer mit einem bis sechs Samen. Die Samen sind rund, die Keimblätter halbkugelig.

Die Samen werden in Beeten zum Keimen gebracht. Erreichen die Jungpflanzen die Höhe von etwa 60 cm, dann werden sie in Abständen von 1,5 bis 2 m ausgepflanzt. Das Zurückschneiden der Pflanzen ist je nach Art verschieden: der chinesische Tee wird nach 9 Monaten auf 10 cm, der Assamtee auf 50 cm zurückgeschnitten. Auch später findet periodisches Ausschneiden der ältesten Triebe statt. Vollkommen werden die Sträucher nach etwa 8 bis 10 Jahren zurückgeschnitten. Nach weiteren 8 bis 10 Jahren werden die Pflanzen durch neue Pflanzen ersetzt, so daß dann eine vollkommen neue Pflanzung entsteht.

Die Ansprüche des Teebaumes oder -strauches an den Boden sind nicht so groß. Er muß zwar tiefgründig (Pfahlwurzel) und durchlässig sein, braucht aber keinen hohen Nährstoffgehalt zu haben. Das Wachstum wird gefördert durch hohe Luftfeuchtigkeit. Gleichmäßige Verteilung der Niederschläge wirkt besonders günstig, während längere Trockenperioden sehr schädlich sind.

Auch der Teestrauch leidet zuweilen unter Krankheiten, aber doch weniger als der Kaffee- und der Kakaobaum. Die einzelnen Schädlinge des Teestrauches aus dem Pilz- und Tierreich aufzuzählen, erübrigt sich hier. Als Konsument muß man sich aber doch auch klarmachen, daß man immer in Gefahr steht, in seinem Tee Reste der Schädlingsbekämpfungsmittel mitzutrinken. Außer den früher üblichen Kupfer- und Schwefelkalkbrühen werden heute manche andere Mittel aus der Giftküche der Chemie zur Vernichtung der Schädlinge hinzugekommen sein. Der Kampf gegen die unverwüstliche Pilzwelt, die bei Monokulturen anscheinend vermehrt auftritt, wird mit allen Mitteln durchgeführt.

Beim Assamtee beginnt die Ernte etwa nach 18 Monaten. Der chinesische Tee wird erst im 3. Jahre geerntet. Dabei werden nur die Zweigspitzen und die obersten Blätter genommen. Die Erntemethoden sind in den verschiedenen Gegenden unterschiedlich, ganz besonders in bäuerlichen Kleinwirtschaften gegenüber den von großen Gesellschaften betriebenen Teekulturen.

Der feinste Tee ist der «Peko». Er besteht nur aus den Spitzen und den jüngsten Blättern. Daher zeigt er vielfach mit Haarflaum überzogene Blättchen. Der übrige Tee wird als Souchong (Souchon) mit feineren Teeteilen und Congo oder Couchon mit gröberen Teilen unterschieden. Man unterscheidet auch noch den «Gebrochenen Tee» (broken tea) und den Teestaub (dust). Der erste enthält die künstlich gebrochenen dicken

Teile, während der letzte der staubförmige Abfall ist. – Nur aus Triebspitzen besteht der «Flowery Peko» und der «Orange Peko», der aber zusätzlich das erste junge Blatt enthält.

Wie wird das Erntegut nun zubereitet?
Die Blätter läßt man auf Horden, Korbmatten oder -tellern oder auf Segeltuch eine Nacht lang welken. Dadurch verlieren sie ihre starre, lederige Konsistenz. Dann kommen sie in eine Rollmaschine, die auch den Staub erzeugt, und erhalten eine kugelige Form. Zuweilen wird der Tee auch noch mit der Hand gerollt. Dann wird er durch Siebe mit unterschiedlicher Durchlässigkeit in gröbere und feinere Teile getrennt. Ein kurze Zeit lang wird er gehäufelt und unter Tüchern der Fermentation überlassen. Die Gerbstoffe werden dabei zu einem wesentlichen Teil zersetzt. Die Fermentation wird nicht durch Mikroorganismen, sondern durch tee-eigene Fermente, die im Blatte vorkommen, hervorgerufen. Die Peroxydase ruft durch Oxydation der Gerbstoffe Dunkelfärbung der Blätter hervor. Dabei entwickelt sich erst das Aroma, nachdem das frische Blatt duftlos war. Anschließend wird der Tee an der Sonne oder in Trockenöfen getrocknet. Nach den Trocknungsverfahren wird er wieder gesiebt und sortiert. – Zum Schluß werden die Sorten in Kisten verpackt, die mit Zinnfolie ausgekleidet sind. In dieser Form tritt der Tee seine Reisen in alle Welt an.
Daß China und Japan den Tee gern parfümieren, ist bekannt. Man nimmt dazu wohlduftende Blüten, Früchte und auch Wurzelstöcke, die unter den Tee gemischt werden, um nachher durch Sieben wieder entfernt zu werden.
Der sogenannte «Grüne Tee» ist keine besondere Sorte. Er wird nur einem anderen Trocknungsverfahren unterworfen. Er bewahrt seine grüne Farbe dadurch, daß die Blätter nicht – wie beschrieben – langsam absterben und fermentieren, sondern durch sofortiges Erhitzen in eisernen Pfannen zum Welken und Absterben gebracht werden. Die Hitze vernichtet die Fermente, und die grüne Blattfarbe bleibt erhalten. Gerade der grüne Tee wird mit wohlduftenden Blüten von Jasminum sambac aromatisiert. Alle einzelnen Tee-Namen und -Arten hier aufzuführen, würde zu weit führen. Der oben erwähnte «Ziegeltee» aber bedarf noch einer kurzen Beschreibung. Man preßt die Teeabfälle in backsteinähnliche Formen. Sie werden so in großen Mengen von China in das

Innere Asiens geschickt. Daraus wird wie zur Zeit der Tang-Dynastie in der ursprünglichen Art noch heute von den Chinesen der Tee bereitet.

Die in besonderer Weise anregende Wirkung des Tees, die seit Jahrhunderten viele Menschen angesprochen hat, vermag der Teetrinker ganz naiv zu empfinden. Der zur Abstraktion neigende moderne Mensch muß diese Wirkungen durchaus auf einzelne Stoffe zurückführen, die der Chemiker in den Teeblättern durch seine Analysen feststellt. Man spricht dann vom wirksamen Prinzip in den Blättern oder von den Wirkstoffen. Diese Einzelstoffe erzeugen – auch in ihrer Summierung – durchaus nicht die gleiche Wirkung wie die ganze Droge. Man glaubte nun, in dem vorgefundenen Koffein – man nannte es Thein – das wirksame Prinzip des Tees gefunden zu haben und hat festgestellt, daß in dem Handels-Tee 1 bis 4,7 %, im Durchschnitt etwa 2,8 % Koffein enthalten ist. Damit ist der Koffeingehalt des Tees angeblich größer als der des Kaffees. Im frischen Blatt ist das Koffein überwiegend an Gerbstoffe gebunden und wird erst durch die Fermentation mehr oder weniger frei. Dieser Gerbstoff, der stärkere Beziehungen zum physischen Leibe des Menschen hat, soll im Durchschnitt 12 % der Blattsubstanz betragen. Er verschwindet zum großen Teil durch die Fermentation der Blätter. Ätherisches Öl, das den Teeduft kennzeichnet, wird auch erst durch die Fermentation frei. Das frische Blatt ist absolut duftlos.

Wie wirkt der Tee auf den Menschen?

In unserer Neigung zu Verallgemeinerungen vergessen wir gern, die Unterschiede der Menschen, der Rassen, Völker und Erdgegenden zu berücksichtigen. Wenn die frühere, oben wiedergegebene Charakterisierung der Teewirkung auf den östlichen Menschen davon spricht, daß er z. B. die Wachheit fördert, dann muß man sich doch wohl klarmachen, daß beim östlichen Menschen – auch heute noch – die Wesensglieder physischer Leib, Lebensorganisation, Seelenorganismus und Ich in einem andersartigen Verhältnis zueinander stehen als beim westlichen Menschen. Wäre das nicht der Fall, so wären es eben keine östlichen Menschen. Die Wachheit des Westens, die er durch den Kaffee aus Arabien unterstützt, ist eine durchaus andere als die des östlichen Teetrinkers.
Aus geisteswissenschaftlicher Sicht, die mit der Realität der vier Wesensglieder des Menschen zu rechnen weiß, ergibt sich nach Rudolf Stei-

ner auch bei Teegenuß «eine Art Differenzierung physischer Natur und ätherischer Natur» (s. bei Kaffee, S. 26). Das heißt, auch bei der Teewirkung löst sich in gewissen Grenzen der Lebensorganismus vom physischen Leibe. Er folgt dann mehr seiner eigenen fließenden Natur und läßt sich nicht wie beim Kaffee durch die Exaktheit der physischen Leibesstruktur beeindrucken. Das hat zur Folge, daß das Denken unter Tee-Einfluß einen mehr zerflatternden oder sprunghaften, keinen geraff-ten Charakter bekommt und nicht jene logische Folgerichtigkeit wie durch den Kaffee. Die Phantasie erhält Anregungen in Richtung eines illusionären Vorstellens, das sich nicht ausgesprochen «an die Solidität der Verhältnisse» und «an die Wahrheit» anpaßt. Bei chronischem Teegenuß ergibt sich eine gewisse «Gleichgültigkeit gegen Anforderungen, die in den Menschen durch die gesunde Struktur eines physischen Erdenleibes kommen können». Der Mensch gewöhnt sich an «abgerissene Gedanken, die so hingeworfen werden und durch die man eben geistreich erscheinen kann».

In einem anderen Zusammenhange empfiehlt R. Steiner, wenn schon Tee genossen wird, folgende Verhaltensweise:

«Sehen Sie, beim Tee müßte man die Vorsicht haben, ihn *während* des Essens zu trinken, weil er sogar etwas stärker wirkt [als der vorher erwähnte Kaffee] und den astralischen Leib angreift. Wenn der Tee während des Essens getrunken wird, so vermischt er sich mit der Verdauung und befördert die Verdauung[1], indem er den astralischen Leib wiederum freibekommt, der mit der Verdauung beschäftigt ist. Wenn man aber nachher den Tee trinkt, so geht man direkt an den astralischen Leib heran und macht ihn zu wirbelnd, zu stark durch den Tee . . .»

Eine solche Wirkung können abendliche Teetrinker leicht erleben. Dadurch werden das natürliche Schlafbedürfnis und der Schlaf beeinträchtigt. Dem kann man durch Zusatz von Zitronensaft begegnen.

Wie sind nun die Erfahrungen mit dem Tee vom Gesichtspunkt der heutigen Medizin? Ausgesprochene Vergiftungserscheinungen treten anscheinend seltener auf. Die medizinische Literatur über Physiologie und Pathologie enthält kaum Angaben darüber, daß der Tee Schaden anrichten könnte. Immerhin birgt der Tee mehr Koffein als der Kaffee.

[1] Teegenuß außerhalb des Essens wirkt bekanntlich stopfend.

Terrassierte Teepflanzung in China Foto dpa

Teepflücker auf Ceylon Foto dpa

Allerdings wird er wohl meist in geringerer Menge genommen, als man Kaffee zu nehmen pflegt. Dann bleibt auch ein Unterschied, ob man Extrakte aus Samen (Kaffee) oder aus Blättern herstellt. Der höhere Koffeingehalt machte den Tee lange Zeit den Analytikern recht verdächtig. Man konnte nicht verstehen, warum das Mehr an Koffein nicht auch verstärkte Erscheinungen gegenüber dem Kaffee hervorruft. Erst in unserer Zeit scheint der Grund dieser unterschiedlichen Wirkung entschleiert zu sein. Das Koffein des Kaffees ist locker an die Chlorogensäure gebunden und wird leicht freigegeben. Das Koffein des Tees (auch Thein genannt) ist trotz der oben erwähnten Fermentierung (mit der verhältnismäßig starken Beseitigung von Gerbstoffen) noch fest mit Gerbstoffen verbunden. Während die Salzsäure des Magens die Chlorogensäure-Koffeinverbindung des Kaffees auflöst und das Koffein freisetzt, geschieht das beim Tee nicht. Erst im Darm erfolgt durch die Darmsäfte eine langsame Aufspaltung der Koffein-Gerbstoff-Verbindung. Der Chemiker Kaden, der diese Zusammenhänge aus seiner Forschung veröffentlichte, erinnert auch daran, daß die Gerbstoffe des Tees die Eiweißoberfläche der Darmwandzellen vorübergehend gerben oder härten und dadurch die Resorption verlangsamen. Man nimmt den Tee bekanntlich gerade wegen solcher Wirkungen als Gegenmittel bei bestimmten Vergiftungen. Während Kaffee also schnell zur Wirkung bringt, was er zu bieten hat– besonders Koffein –, läßt der Tee sich Zeit. Ob der Volksspruch «abwarten und Tee trinken» nicht auch hier seine Bedeutung hat?

In verschiedenen Ländern und bei verschiedenen Völkern sind recht unterschiedliche Bräuche der Tee-Zubereitung üblich. In England, in Ostfriesland bevorzugt man anscheinend stark gerbsäurehaltigen Tee. Er wird sogar direkt nach seinem Gerbsäuregehalt bewertet. Nun ist es bekannt, daß die Gerbsäure Alkaloide – also auch das Koffein des Tees – in wasserunlösliche Formen überführt. Ob durch stark gerbsäurehaltigen Tee wieder eine gewisse Entgiftung des Koffeins stattfindet, muß dahingestellt sein. Man verwendet – wie oben ausgeführt wurde – gerade den Tee bei Vergiftungen durch Pflanzengifte, um diese durch die Gerbsäure zu binden. Zweitaufgüsse auf Teeblätter enthalten weniger Koffein, aber immer noch sehr viel Gerbsäure. Daher kommt der herbere, bittere Geschmack und die dunkle Färbung.

Starker Tee mit viel Milch und Zucker wird in Holland bereitet, aber auch in England, wo er andererseits auch so dunkel wie möglich und ohne Zucker getrunken wird. Von Rußland kommt der Brauch, dem Tee etwas Zitrone zuzusetzen. Von den Tataren heißt es, daß sie dem Tee Milch und Salz zusetzen.

Überall scheint es üblich zu sein, daß man das Gefäß vorher gut anwärmt, die Teeblätter dann hineingibt, um dann das nur kurz kochende Wasser daraufzugießen und kurz ziehen zu lassen. Das Gelingen eines guten Teeaufgusses hängt überwiegend von der Qualität des verwendeten Wassers ab. Kalkhaltiges Wasser oder modernes «hygienisches», chlorhaltiges Wasser der Großstädte gibt nur recht mäßige Teeaufgüsse. Die Dauer des Kochens ist ebenfalls von Bedeutung. Früher nannte man dieses Wasser «gebranntes Wasser». Man achte einmal darauf, wie anders Wasser duftet und schmeckt, das kurz bzw. lang gekocht hat. Wer einen guten Tee wünscht, sei darauf bedacht, daß das Wasser nur kurz aufkocht.

Die Kunst, Tee zu bereiten, ist im Fernen Osten in ganz besonderer Weise entwickelt worden, wie das erwähnte Teebüchlein von K. Okakura sehr schön zum Ausdruck bringt. Es hat dort regelrechte Schulen und Teemeister gegeben, die wie Priester ihre Handlungen verrichten. Dort war anscheinend auch das Menschenelement gegeben, das der Tee brauchte, um sein eigenes Wesen zum Ausdruck bringen zu lassen. Er kommt der östlichen Seelenhaltung stark entgegen und hat ihren Bräuchen und ihrem Verhalten etwas aufgeprägt, was oben schon kurz als seine typische Wirkung charakterisiert wurde. Dem logischen Denken abhold, vermittelt der Tee unter bestimmten äußeren Voraussetzungen (Teehausumgebung) eine leicht gehobene, feierlich-poetische Stimmung, die vielleicht auch als Vorstufe einer meditativen Stimmung bezeichnet werden kann, ohne daß sie sehr konzentrativen Charakter hat. Zu Erkenntnisresultaten im westlichen Sinne dürfte sie kaum führen. Man fühlt sich – nach den Berichten zu schließen – einer seelischen Sphäre hingegeben und von ihr umfangen, die durch Sinneseindrücke nicht abgelenkt werden darf. Man schwimmt oder atmet in der Stimmung und ist dem vielleicht einzigen Eindrucke – etwa einer einzelnen Blüte eines Blütenzweiges oder einer schönen Vase – hingegeben. Dabei versinken alle Eindrücke der Außenwelt. Alles in allem eine Teewirkung und eine Teeverehrung, die der fernöstlichen Seelenhaltung gemäß sein mag. Der westliche Mensch täuscht sich über sich selber, wenn er meint, ihm wäre gleiches Erleben möglich. Zwar fördert auch bei ihm der Tee ein gewisses seelisches Verschwimmen mit mehr oder weniger zusammenhanglosen Geistesblitzen, aber das ist wiederum seiner Natur weniger angepaßt. Beim einfachen Volke soll es in China Brauch gewesen sein, ständig fertigen Tee stehen zu haben. Davon gießt man sich 1 bis 2 Teelöffel(!) voll in eine Schale und schlürft ihn langsam. Niemals nimmt man mehr als diese Menge. Dann geht man wieder an die Arbeit. Dadurch nimmt man im Laufe des Tages kaum mehr als 1 bis 2 Schalen Tee zu sich. Es ist anzunehmen, daß es sich dabei zumeist um den ursprünglichen grünen Tee handelt, der auch seine Vitamine und Spurenelemente noch nicht eingebüßt hat.

Zu starke Teeaufgüsse können bestimmte abnorme bis krankhafte Erscheinungen und vorübergehende Vergiftungen hervorbringen. Vor allem sind es Angst, Beklemmungsgefühle, Schweißausbrüche, Herzklopfen, Zittern, große Nervosität, Gefühl von Betäubung bis zur vollkommenen Ohnmacht, die dann erlebt werden können. Der ständige Teegenuß fördert die Reizempfindlichkeit des nervösen Systems im Organismus. Die Verdauungsorgane versagen allmählich ihre normale Funktion. Bekannt ist, daß Gerbsäure bei Durchfällen stopfend wirkt, d. h. die dann zu starke Tätigkeit der Lebensorganisation im Darm zurückdrängt. Wird eine solche Wirkung ständig auf den Darmorganismus ausgeübt, so treten die üblichen, kaum zu beseitigenden Verstopfungen auf. Auffallend ist auch die Tendenz zur Abmagerung, die der Tee vermittelt, eine Wirkung, die wohl ganz ähnlich zu erklären ist. Daß bei empfindlichen Menschen Schlaflosigkeit auftritt, ist bekannt.
Akute und chronische Vergiftungen werden durch den Tee erzeugt einmal bei Menschen, die ihn nicht vertragen, zum andern durch Mißbrauch, der dann die Krankheitserscheinungen hervorruft. Nimmt man etwa 20 g oder mehr Tee zu einem Aufguß, dann ergeben sich Herzstörungen. Es treten Unregelmäßigkeiten im Blutkreislauf und des Pulses auf. Diese Störungen bilden sich bei Abstinenz nach einer gewissen Zeit wieder zurück. Bei noch stärkeren Aufgüssen ergeben sich Erscheinungen wie Herzklopfen, Schwindel, Harndrang, Ohnmachtsgefühl, Übelkeit und Erbrechen, Sausen im Kopf, seufzende langsame Atmung, starke

Depression, Muskelzittern und Muskelkrämpfe. Jeder Teegenuß hemmt die Magensekretion.

Der Tee enthält bis zu 4,5 % Koffein. Außerdem sind noch Theophyllin – ein Dimethylxanthin – und andere stark wirkende Basen vorhanden. Alle wirken sie in gleicher Richtung, wobei das Theophyllin besonders stark wirkt. Diese wissenschaftlichen Ergebnisse der Teeanalyse waren den früheren Teetrinkern natürlich unbekannt, aber man hat von jeher – vielleicht aus einem Instinkt heraus – viel weniger Teeblätter für einen Aufguß verwendet als gemahlenen Bohnenkaffee.

Lewin bringt in seiner Toxikologie verschiedene Beispiele, wie der Mißbrauch des Tees z. B. zu Blutarmut, Atembeklemmungen und Halluzinationen führte. Die stärksten Vergiftungsformen führt er an für die Teekoster (tea taster) in Ostasien und Amerika. Dieser Beruf, der den Wert der Teesorten – der eben chemisch-analytisch nicht festgestellt werden kann – durch Schmecken feststellt, kann durch das tägliche Probieren von Teeaufgüssen zu Störungen führen. Obgleich die Proben nicht geschluckt, sondern wieder ausgespuckt werden, treten bei den Teekostern sehr starke und typische Erscheinungen auf. Die Magen- und Darmfunktionen werden gestört. Die Haut wird gelb und fahl. Das Nervensystem gerät stark in Unordnung. Kopfschmerzen, Gedächtnisschwäche, Sehstörungen, Unsicherheit im Gebrauch der Beine, Hypochondrie und Leberschrumpfung sind Symptome, die zum Vergiftungsbilde des Tees gehören. Leberstörungen treten auch bei anderen Menschen nach stärkerem und häufigerem Teegenuß auf.

Schwere Erregungszustände entstehen, wenn der Tee in Zigaretten – wie früher geschehen – geraucht und dann inhaliert wird. Übermäßiger Teegenuß erzeugt eine seelische Übererregtheit und Halluzinationen des Gesichts- und Gehörsinnes. Es entsteht eine Art Trunkenheit, die dem akuten Alkoholismus ähnlich ist.

Wie auf allen Gebieten der Genuß- und Nahrungspflanzen kann auch der Tee von gewinnsüchtigen Menschen in der verschiedensten Weise verfälscht werden. Der *grüne* Tee wird durch Kupfersalze, Bleichromat und Indigo besonders intensiv gefärbt. Das sind reine Gifte, aber keine Genußgifte. Wie weit ihre Anwendung heute bei den handelsüblichen Sorten verhindert werden kann, entzieht sich unserer Beurteilung. Früher wurden auch direkte Fälschungen des Tees durch mancherlei Mittel vorgenommen, um Gewichtszunahmen zu erreichen, die sich finanziell anscheinend lohnten. Es wurden Gips, Kalk, Ton, Sand und Kohle verwendet. Auch Metallspäne von Blei, Eisen und Messing spielten eine Rolle. Weiter nahm man gebrauchten, ausgelaugten Tee der großen Hotels und Teehäuser aus Amerika und England, die bei ihrem Großverbrauch die Überreste der Teebereitung wieder verkauften, um sie mit reinem Tee zu vermischen. Den gebrauchten Tee färbte man erst noch auf.

Nicht ganz gleichgültig für den Konsumenten dürfte auch die Verpakkung des Tees sein. Um den Tee gegen alle Einflüsse, die auf den Seewegen eintreten können, zu sichern, verpackt man ihn in Kisten, die mit verzinktem Blei ausgekleidet sind. Wie weit Blechbüchsen und Kleinpackungen aus Staniol etwa gesundheitsschädliche Stoffe enthalten oder vermitteln, ist schwer zu sagen und wohl noch schwerer nachzuweisen.

Die Mate-Pflanze

In Verbindung zum echten Tee, der aus dem Osten kam, muß auch ein Tee erwähnt werden, der in Südamerika seinen Ursprung hat und dort viele Millionen von Konsumenten findet. Im außertropischen Südamerika gedeiht die Matepflanze als «Unterholz» in den Wäldern. Sie wird ein etwa 6 m hoher, schlanker Baum. Ihre Blätter (Yerba mate oder Herva mate) werden zur Bereitung des Mategetränkes verwendet. Das Hauptvorkommensgebiet ist Südbrasilien, Paraguay und Argentinien. Brasilien exportiert die größte Menge an Mate, während Argentinien am meisten Mate importiert.

Der Name «Mate» stammt von dem Gefäß – eine Art Kalebasse. Andernorts heißt das Gefäß «Cuja». Es ist ein ausgehöhlter, kleiner Kürbis. Die Teetrinker – Materos nennen sie sich – bereiten den Trank in dem Gefäß und schlürfen ihn dann durch silberne Saugröhrchen. Auch dem Gast wird als Zeichen der Gastfreundschaft eine Cuja Mate gereicht. Das Nationalgetränk der Brasilianer hat sich trotz des starken Kaffeeanbaus gehalten.

Bei den brasilianischen Indianern heißt die Pflanze «congonha». Die Indianer Paraguays nennen sie «Caá», das so viel wie Kraut bedeutet. Ähnlich bezeichnen die Kreolen sie mit «yerba», Kraut. Andere Namen dieses Tees sind Paraguay-Tee, Jesuiten-Tee oder auch Bartholomäus-Kraut. Die letzteren Bezeichnungen stammen aus der Zeit der Jesuiten – im 17. und 18. Jahrhundert –, die den Tee und den Anbau des Baumes besonders gefördert haben. Im Bereich ihrer Missionsgebiete haben sie Kulturen von Ilex paraguayensis angelegt. Später gingen diese Kulturen wieder zugrunde. Dann nahm man die Blätter von den wild vorkommenden Bäumen. Schließlich wurde die Pflanze Anfang des 20. Jahrhunderts wieder stärker und intensiver in Paraguay kultiviert. Dort beschäftigten sich die deutschen Ansiedler mit ihrem Anbau. Der größte Teil Mate wird aber nach wie vor von wilden Bäumen geerntet. Man kappt die Zweige, zieht sie über offenes Feuer und trocknet sie dann über einem rauchigen Feuer auf Hürden. Nach dem Trocknen werden die Blätter mit Holzkeulen (anscheinend nach früherer Art zu dreschen) von den Zweigen gelöst. Darauf werden sie zerstoßen und – in Felle verpackt – verkauft. Sie scheinen also nicht so empfindlich zu sein wie der echte Tee.

Eine modernere Bereitung besteht darin, daß man die Zweige in Pfannen röstet. Das Zerstoßen der Blätter geschieht in Spezialmühlen. Der fertige Tee wird dann in Säcke verpackt. Er bietet natürlich einen wesentlich geringeren Rauchgeschmack als jener der primitiveren Bereitungsart. Gegenüber der Zurichtung des echten Tees fehlt hier der Vorgang des Welkens, des Rollens der Blätter und der Fermentation.

Der Mate enthält ebenfalls Koffein und wirkt anregend. Sein Gehalt an diesem Alkaloid beträgt etwa 1–1,5 %. Der chinesische Tee übertrifft ihn also um mehr als das Doppelte an Koffein. Auch ätherische Öle, die das Aroma geben, sind wesentlich stärker vertreten als beim Mate. Ob es wirklich die gleichen ätherischen Substanzen sind, ist zweifelhaft. Immerhin soll Mate weniger schädlich für die Nerven sein. Sein Gerbstoffgehalt beträgt etwa 4–6 %, ist also auch bedeutend geringer als der des echten Tees. Infolge des Rauchgeschmackes soll der Mate angeblich keinen Gefallen in Europa gefunden haben. Kam er überhaupt einem vorhandenen Bedürfnis entgegen? Man hat alle möglichen Versuche gemacht, ihn in Form von medizinischen Präparaten oder alkoholfreien Getränken bei uns einzubürgern. Es war vergebens. Er fristet ein relativ kümmerliches, wenig beachtetes Dasein in den Reformkostgeschäften. Man weiß eigentlich nicht recht, warum man ihn empfiehlt. Vor dem Zweiten Weltkriege lautete die Empfehlung, daß er Harnsäure ausschwemme, dabei wurde auf südamerikanische Menschen, besonders Gauchos, hingewiesen, die angeblich nur von Fleisch leben(?) und infolge des Matetees nicht an Rheuma erkranken. Jedenfalls ist der Versuch, den Mate gegenüber dem echten Tee zu forcieren, restlos gescheitert. Auch in seiner Heimat wird er in den Städten immer mehr durch den Tee des Ostens zurückgedrängt.

Gelegentlich wurden auch noch andere Ilexarten zur Matebereitung verwendet. Interessant ist es, daß auch die Indianer im südlichen Nordamerika Ilexarten – Ilex cassine – zur Getränkebereitung verwendeten. Appalachentee oder «Schwarzer Trank» war sein Name. Alle diese Ilexarten enthalten mehr Gerbstoff und weniger Koffein als die Ilex paraguayensis.

Nebenbei sei noch erwähnt, daß unsere «heimische» Ilexart, die Stechpalme (Ilex aquifolium), die in Wirklichkeit vom Mittelmeer zugewandert ist, mit ihren Blättern einen gut wirkenden Tee bei fieberhaften Grippen, bei Entzündungen von Brustfell und Lunge bietet. Eine Gegenüberstellung der «anregenden» Pflanzen, die in den Gebrauch der Menschen übergegangen sind, ergibt hinsichtlich ihrer Giftstoffe folgende Übersicht:

Genußpflanzen	verwendete Pflanzenteile	Ursprungsland	Gerbstoffe	Koffein	Theobromin	Theophyllin
Guaranapaste	Samen	Südamerika	wechselnd	5 %	Spuren	unbekannt
Kolanuß	Keimblätter	Westafrika	4 %	0,5–3 %	0,02–0,08	unbekannt
Kakao	Samen	Südamerika	bis 7 %	0,2 %	1–4 %	unbekannt
Kaffee	Samen	Ostafrika	bis 7 %	0,7–2,5 %	Spuren	Spuren
Chines. Tee	Blätter	Ostasien	7–25 %	0,4–5 %	0,05 %	0,02–0,04 %
Mate	Blätter	Südamerika	7–11 %	0,5–1,5 %	0,05 %	0,05 %

Vom Kakao

Der echte Kakaobaum – Theobroma cacao – gehört mit 19 anderen Arten zur Pflanzenfamilie der Sterculiaceae (Scheißbaumgewächse) und ist eine rein tropische Pflanze. Einige Arten liefern eßbare Samen, die wie bei Theobroma bicolor unvorbereitet genießbar sind. Die Kakaosamen werden dagegen industriell für den Genuß bearbeitet.
Im unkultivierten Zustande kommt der Kakaobaum nur in den nördlicheren Regionen Südamerikas vor. In den Urwäldern am Amazonas und am Orinoco erreicht er Höhen von 8–10 m, selten höher. Immer wächst er im Schatten höherer Bäume. Ob er auch noch an anderen Orten wild vorkam, ist nicht geklärt. Der Stamm ist leicht knorrig und rauh, oft unregelmäßig gewachsen mit breiter Krone. Die Blätter sind anfangs rötlich und werden später dunkelgrün. Sie sind einfach geformt, ganz- und glattrandig, ziemlich groß und sitzen an kurzen Stielen, die gelenkartig am Zweige ansetzen.
Der Blühvorgang erfolgt direkt aus dem Stamm oder aus den dicken Zweigen. Aus kleinen Wülsten, die man Blühkissen nennt, entspringen büschelförmig die Blüten. Geschützt von schmalen Kelchblättern öffnet sich die Blüte und zeigt Blütenblätter, die unten eine verbreitert halbkugelige Fläche haben. Sie läuft oben erst schmal zu, um sich dann wieder zu verbreitern. Diese Ausläufer sind zitronengelb gefärbt mit rötlicher Aderung. Die 5 Staubgefäße, die immer mit 5 unfertigen Staubgefäßen abwechseln, sind am Grunde miteinander verwachsen. Der Fruchtknoten hat 5 Fächer. An der Spitze läuft er in einen fünfspaltigen Griffel aus. In jedem Fache entwickeln sich zahlreiche Samenanlagen. Die reife Frucht ist gelb oder rot und wird 15–25 cm lang, bei etwa 10 cm Durchmesser ähnlich einer Gurke geformt. Die höckerige Schale ist dick und fleischig. Sie enthält in Reihen angeordnet ungefähr 20–50 mandelförmige Samen ohne Nährgewebe, die von einem süß-säuerlichen «Fruchtmus» eingehüllt sind. Der einzelne Same – oft fälschlich Kakaobohne genannt – enthält unter einer dünnen

Samenhaut zwei dicke, fleischige Keimblätter – Nibs genannt –, die stark ineinandergefaltet sind. Zerbricht man sie, dann zeigen sie an der Bruchstelle weiße bis violette Färbung.
Wegen der Samen wurde der Baum in Kultur genommen. Er gedeiht nur in den wärmsten Gegenden der Tropen, d. h. bis 13° nördlich und 13° südlich des Äquators und braucht sehr viel Regen. Sonst kann er nur noch nahe von Wasserläufen und bei künstlicher Bewässerung kultiviert werden.
Die Kakaosamen müssen nach der Ernte einige Tage gären und werden dann getrocknet. Sie enthalten etwa 1–4 % Theobromin, das wieder mit dem Koffein verwandt ist. Es ist wie dieses anregend. Neben diesem Gift enthalten die Samen bis 7 % Gerbstoffe, 0,2 % Koffein, 45 bis 50 % Fett, das bei 33° C schmilzt, 18 % Eiweißstoffe und 10 % Stärke, so daß sie auch als nahrhaft gelten. Werden sie zu «Kakao» verarbeitet, dann wird etwa 50 % des Fettes ausgepreßt. Dieses Fett hat wegen seiner Konsistenz eine besondere Bedeutung gewonnen. Es ist bei gewöhnlicher Temperatur fest, gut haltbar und wird nicht ranzig. Sein Schmelzpunkt liegt bei 33°. Daher hat es sich in der Medizin von jeher als Zäpfchen und in ähnlicher Form als Arzneiträger zum Einführen in Körperhöhlen bewährt. Die größte Menge Kakaobutter wird aber für die Herstellung der Schokolade verwendet.

Wie von anderen Genußmitteln ist auch vom Kakao bekannt, daß seine Kultur älteren Datums ist. Schon bei den alten Tolteken und Azteken wurde er kultiviert und von Mexiko bis Peru angebaut. Die Samen waren damals – wie noch heute stellenweise – regelrechtes «Kleingeld».
Die Art, wie Kakao genossen wurde, unterschied sich von der heutigen wesentlich. Man zerstieß die gerösteten und geschälten Samen zu Pulver, das dann mit Wasser angerührt und mit Maniokmehl oder gequollenem Mais vermischt wurde. Wohlhabendere Genießer fügten noch Gewürze, roten Pfeffer, Vanille, duftende Blüten und Honig hinzu. Dieses Getränk schäumte und wurde kalt genossen. Es sollte angeblich die Haut geschmeidig und glänzend machen. Man nannte es «chocolatl» (choco = Schaum, atl = Wasser). Die Pflanze hieß «Cacaoquahuotl» oder «Cacaguatl».
Die Spanier lernten die Schokolade am Hofe Montezumas kennen, der

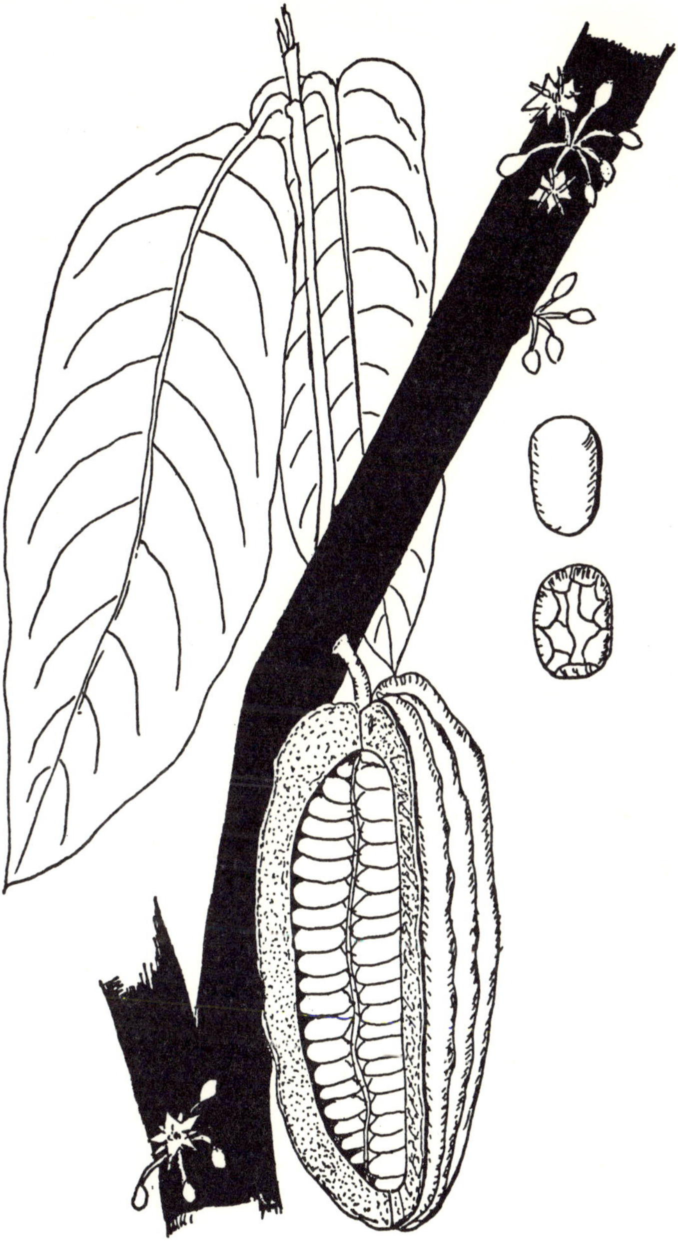

Zweig vom Kakaobaum mit Blüten am nackten Holz und Fruchtbildung; einzelne Samen

der letzte Herrscher in Mexiko war, bevor es von den Spaniern unterjocht wurde. Er lebte von 1480 bis 1520. Im Todesjahre Montezumas kam der Kakao zuerst nach Spanien. Man trank ihn auch mit Wein oder heißem Bier. Im übrigen Europa blieb er zunächst vollkommen unbekannt. Das zeigt eine Begebenheit im Jahre 1579, wo eine Kakaoladung von den Engländern gekapert und als wertlos verbrannt wurde. Im 17. Jahrhundert kam der Kakao von Westindien nach Italien. 1615 sorgte die Gemahlin Ludwigs XIII., Anna von Österreich, für die Schokoladenherstellung in Frankreich. Ende des 17. Jahrhunderts wurde Schokolade in Paris von dem Arzte Bachot als eine der edelsten Erfindungen gepriesen. Sie sei eine Speise der Götter, würdiger als Nektar und Ambrosia (die der gute Bachot eben nicht kannte). Folgerichtig gab Linné 1769 der ganzen Pflanzengattung den Namen «Theobroma», d. h. Götterspeise.

In Preußen dachte man anders. Der Leibarzt des Großen Kurfürsten, der Holländer Bontekoe, hatte den Kakao eingeführt. Friedrich der Große verbot die Einfuhr. Man versuchte, als Ersatz Lindenblüten zu verwerten. Der Versuch scheiterte kläglich.

Erst im 19. Jahrhundert wurde dann der Kakao im großen sowohl in den Randländern wie auf den Inseln des Karibischen Meeres, in Ekuador und in Brasilien kultiviert. Überall wurden neue Plantagen angelegt, auch in Ceylon, am Malaiischen Archipel, besonders auf Java, Celebes und auf den Philippinen, später auch in Westafrika. Auf Celebes und auf den Philippinen vernichtete eine Krankheit die Kulturen vollkommen. Der gute Edelkakao kommt wohl immer noch aus Amerika, der Konsumkakao aus Westafrika, das heute mengenmäßig den größten Export zu verzeichnen hat.

Die größten Konsumenten waren von jeher und sind es heute noch die USA und an zweiter Stelle Deutschland. Auch beim Kakao gibt es natürlich verschiedene Sorten, auf die hier nicht weiter eingegangen werden soll. Der Kakaobaum wird von sehr vielen Krankheiten bedroht, so daß auch dort die Anwendung giftiger Gegenmittel üblich ist. Bemerkenswert scheint es zu sein, daß Nagetiere – besonders Ratten – den Samen von Theobroma cacao und Theobroma bicolor nachstellen.

Aus der Kakaoanalyse, deren Resultate unterschiedliche Ergebnisse zeitigen, ergibt sich das Vorhandensein eines Giftes, des Theobromins –

ein Dimethylxanthin. Bei empfindlichen Menschen kann die aus dem Kakao bereitete Schokolade vorübergehend Blindheitszustände hervorrufen, die niemals auftreten, wenn der Kakao rein verwendet wurde. So gehört zu dem Vergiftungsbild der Schokolade, daß sie gelegentlich das Sehzentrum stört. Jedenfalls sollten Menschen, die zu Migränen neigen, niemals Schokolade essen. Welche Manipulationen bei der Schokoladenfabrikation zu derartigen Störungen veranlassen können, scheint noch nicht ganz klar zu sein. Lewin berichtet, wie auch Preßrückstände von Kakao (Kakaokuchen) öfter zu Vergiftungen bei Pferden führten. Sie starben, «nachdem sie 5 Tage hindurch täglich 1,5 kg gemahlene Kakaoschalen als Ersatz für Hafer bekommen hatten. Diese Schalen haben noch 0,7 % Theobromin und angeblich 0,2 % Koffein». Aus dem ganzen Vegetationsbild dieser Pflanze ergibt sich eine bestimmte Charakteristik, die auch für ihre Wirkung von Bedeutung sein wird. Der Kakaobaum gedeiht nicht wie der Kaffee auf Hochebenen oder Bergen, sondern in den tiefsten, feuchtwarmen Zonen der Tropen. Diese Tropenzonen gehören ausgesprochen zum Stoffwechselbereich der Erde. In ihnen kann der Kakaobaum sich entfalten, und dort bringt er seinen eigenen stoffwechselhaften Blühprozeß nicht wie andere Pflanzen am Ende der grünen Sprosse zur Erscheinung, sondern direkt am Holz von Stamm und Ast.

Das bedeutet nichts anderes, als daß der starke Stoffwechselprozeß, den Blühen und Fruchten darstellen, sich ohne Zwischenschaltung des rhythmischen Blattelementes direkt mit den Verhärtungsprozessen verbindet. In seiner Wirkung auf den Menschen, der Kakao genießt, führen diese Wesenseigenarten dazu, daß das Stoffwechselelement im Menschen belastet erscheint und das Nervensinneselement ebenfalls die Schwere des Leibes erlebt. Das geht bis in die oben erwähnten möglichen Sehstörungen hinein. Chronische Kakaotrinker und Schokoladeesser werden keine geistig allzu regsamen Menschen sein, abgesehen von den bekannten Neigungen zur Verstopfung. Im Gegensatz dazu werden solche Menschen, die sich durch die eigene seelisch-geistige Regsamkeit im Willenshaften bedrängt fühlen, sich gern mit den Produkten des Kakaobaumes eine gewisse Ruhe verschaffen, die im Extrem bis zur Philistrosität gehen kann.

Über das Wachen

Ein Teil der Genußgifte trägt den Nimbus an sich, daß er für das Wachleben des Menschen von Bedeutung sei. Vom Kaffee wurde schon zu Anfang seiner Verbreitung gerade diese Wirkung auf das Wachsein hervorgehoben. Auch vom Tee wird ähnliches berichtet (s. die angeführten Legenden!). Vom Kakao gilt diese Charakteristik ebenfalls. Auch Kola und Mate nehmen an dieser Wirkung teil. Der Wein oder der Alkohol macht keinen Anspruch darauf, aber der Raucher lobt seinen Genuß zuweilen auch von diesem Aspekt aus. Es ist da vielleicht ganz interessant zu untersuchen, wieweit diese Lobpreisungen zu Recht bestehen, wie weit sie vielleicht auf Selbsttäuschungen beruhen, oder welchen Einsatz wir bezahlen müssen, wenn wir uns ein Wachsein von Kaffees, Tabaks oder Tees Gnaden erkaufen.

Was heißt wachen oder wachsein?

Eine solche Frage ist eine Frage nach dem Wesen des Menschen. Wir wissen, daß wir morgens aus dem Schlafe aufwachen. Wir schütteln allmählich die Fesseln des Schlafes und seine Folgen von uns ab und wachen in den Tag hinein auf. Das Wasser beim Waschen hilft uns zur Wachheit.

Im Schlafen war für uns die Welt, die ganze äußere Umgebung versunken. Im Aufwachen rücken sie uns wieder nahe, und je mehr wir unsere Sinnesorgane betätigen, um so mehr wachen wir in den steigenden Tag hinein auf. Wir nehmen unsere Umwelt immer aufmerksamer wahr und denken über sie nach. Je intensiver diese beiden Vorgänge ablaufen, um so wacher sind wir. Das geht nur eine gewisse Zeit, dann verlangt der Körper nach dem Schlaf. Wir werden müde. Schlaf und Wachen scheinen die Polaritäten zu sein, zwischen denen unser Seelenleben sich bewegt, insofern es mit dem Leibe verbunden ist. Wir können diese Vorgänge noch weiter differenzieren. Zwischen Wachen und Schlafen können wir das Träumen erleben, wo wir weniger wach sind als am Tage, aber immer noch wacher als im Tiefschlaf. Es gibt noch weitere Zwischenzustände. So scheint sich unser Seelenleben wie in einem Kreislauf zu bewegen: vom Tiefschlaf, der traumlos zu sein scheint, zum traumerfüllten Schlafe, zum dämmerigen Wachen bis zum hellsten Wachbewußtsein, wo wir ganz klar in unseren Sinnen und in unserem Denken und Vorstellen anwesend sind, bis wir in der Schlafneigung, die als Ermüdung auftritt, diesen Höhepunkt wieder verlassen. Wir müssen uns dem Schlafe hingeben, um uns vom Wachen zu erholen. Da erleben wir wieder ein Träumen: Einschlaf- und Aufwachträume kennen wir gut. Das ständige Wachen erträgt der Organismus nicht. Er wird durch das Wachen krank und gesundet wieder im Schlafe. Das sind ganz einfache Erfahrungen, die jeder Mensch an sich selber machen kann. Er kann feststellen, daß ein gewisser Rhythmus in diesen Abläufen herrscht. Wo dieser Rhythmus gestört ist, setzt Krankheit ein, oder die Störung ist bereits Ausdruck einer Krankheit.

Nun sind das Wahrnehmen, Denken und Vorstellen nicht die einzigen Seelentätigkeiten des Menschen. Auch in dieser Hinsicht hat Rudolf Steiner in seiner geisteswissenschaftlichen Menschenkunde zum ersten Male eine klare Charakterisierung des Menschenwesens gegeben, die vorher nicht bestand. Eine Dreigliederung in Denken, Fühlen und Wollen ist es, welche die menschlichen Seelenbetätigungen ausmachen. Dieser dreifachen seelischen Aktivität dienen im Körper auch drei Organregionen als Bewußtseins- und Aktivitätszentren, wobei jedes vorwiegend je in einem Bereich dominiert, sich aber über die anderen in minderer Intensität ausbreitet.

Das Wachsein im Sinneswahrnehmen, Denken und Vorstellen ist am stärksten konzentriert im Gehirn und Nervensystem, das sich auch über die übrigen Leibesregionen ausbreitet. Dort wird uns diese Seelenbetätigung am stärksten widergespiegelt und zu Bewußtsein gebracht. Unser Kopf ist der äußere Exponent dieser Vorgänge. Dort erleben wir uns am wachesten, und auf dieses Wachsein zielen die meisten Genußgifte hin.

Was macht den Menschen eigentlich überhaupt wach? Ist es der tiefe Atemzug, der dem Blute frischen Sauerstoff aus der Luft zuführt? Oder ist es etwas anderes? Es ist in der Tat verbrauchte, kohlensäurebeladene Luft, das kohlensäurebeladene Blut, das unsere Wachheit aufrechthält. Sauerstoff schläfert ein. Im Einschlafen sind wir mehr dem Sauerstoffwirken ausgesetzt, und die Abbauvorgänge im Organismus, die zur

Kohlensäureüberladung des Blutes führen, treten zurück. Da ist es schon interessant, daß sich für das Blut aus dem Stoffwechsel mit dem Kaffee und anderen Genußgiften eine stärkere Anreicherung mit sauren, harnfähigen Substanzen ergibt, die ähnlich wirken wie die Kohlensäure auf das Gehirn. Werden wir dann müde, dann interessiert uns die Außenwelt immer weniger. Wir gleiten allmählich oder abrupt in eine anders geartete Bilderwelt hinein: wir träumen. In den meisten Fällen geht der Übergang viel plötzlicher vor sich. Der Tiefschlaf übermannt uns schnell, und kein Bild taucht mehr in unserem Bewußtsein auf. Wir schlafen, um die Kraft wiederzugewinnen, die uns das Wachen im Körper erlaubt. Wie verhalten sich nun die vier Wesensglieder des Menschen – physischer Leib, Lebensorganisation, Seelenorganisation und Ich – beim Wachen und Schlafen?

Zum Wachen gehört Wille – unbewußter und bewußter Wille. Unser Denken, Vorstellen und Wahrnehmen durch die Sinne sind unmöglich, ohne daß der Wille sich mit ihnen verbindet. Der Wille ist auch der Erneuerungsquell für unser Wachen. Wie der Schlaf die Voraussetzung des Wachens ist, so ist es ebenso das Willenselement unserer Seele, aus dem sie ihre Kräfte holt, um im Nerven-Sinnessystem eine Zeitlang wach sein zu können. Man kann sogar erleben, wenn der Wille übermächtig die Kraft hergibt zum Wachen, daß der Körper versagt, weil der Abbau an ihm durch das wache Seelenleben zu stark ist.

So wach wie im Denken und Vorstellen sind wir im Fühlen nicht. Da träumen wir, und im Willen schlafen wir immer. Das heißt, Wachsein gilt durchaus nicht für den ganzen Bereich unseres Seelenlebens[1].

Um das Eingreifen der Genußgifte verstehen zu können, müßten die Verhältnisse der vier Wesensglieder zueinander begriffen werden. Hier kann selbstverständlich nicht in vollem Umfange die Problematik der menschlichen Wesensglieder entwickelt werden. Da muß die entsprechende Literatur der geisteswissenschaftlichen Menschenkunde zu Rate gezogen werden. Nur ganz aphoristisch soll hier angedeutet werden, wie die vier Wesensglieder miteinander wirken und wie sie durch die Genußgifte beeinflußt werden.

Bei vollem Wachsein greifen alle vier Wesensglieder ineinander. Im

[1] Rudolf Steiner, Allgemeine Menschenkunde und: Theosophie, siehe unter «Literatur».

Schlafe aber ist das nicht der Fall. Als physischer Organismus, von Leben oder vom Lebensorganismus durchwirkt, ist der Mensch vorhanden; aber alles, was an bekannte Bewußtseinszustände erinnert, können wir nicht erleben. Es findet kaum eine Wahrnehmung, kein Denken und Vorstellen im Leibe statt. Der Mensch schläft. Die Wesensglieder, die ihm diese Seelentätigkeiten nahebringen – seine Seelenorganisation und sein Ich – sind untätig. Sie scheinen nicht vorhanden zu sein. Gerade dadurch kann die Lebensorganisation erholend, aufbauend und restituierend am physischen Leibe wirksam sein. Der Schlaf bringt die Erholung, weil die Lebensorganisation das am Leibe wieder ausgleicht und aufbaut, was durch das vorherige Tagesleben im Denken, Fühlen und Wollen abbauend am Körper gewirkt hat. Der Lebensorganismus wird im Schlaf nicht durch Seelen- und Ichorganisation im Leibe behindert. Es gehen natürlich noch viel mehr Dinge im Schlafe vor sich, die hier nicht bis in alle Einzelheiten geschildert werden können. Im Wachen bauen unsere geistigen Wesensglieder – Seelen- und Ichorganisation – den Körper ab. Darum sehnt sich dieser nach Schlaf, damit die Abbauschäden ausgeglichen werden. Erst dann ist gesundes Wachsein für eine gewisse Zeit wieder möglich.

Wie wirken nun da die Genußgifte?

Die weckenden Genußgifte wirken wie unsere Seelen- und Ichorganisation. Sie verursachen einen verstärkten Abbau an unserem Leibe und verlängern dadurch das Wachsein über die Zeit hinaus, wo der Körper den Schlaf erstrebt, um wieder aufbauen zu können. Dadurch geschieht am Körper das, was immer bei Gebrauch der Genußgifte beobachtet werden kann: der Körper zeigt Abbauerscheinungen, die über das übliche Maß hinausgehen. Das vermehrte und intensivere Wachen stört dann auch die Polarität – das Schlafen. Wir erleben, daß der Rhythmus Wachen–Schlafen sich verändert, daß Schlafstörungen und Schlaflosigkeit eintreten. Chronischer Gebrauch der Weck-Genußgifte führt zu chronischen Schlafstörungen. Ist der Mensch dann so töricht und wirkt da mit Schlafmitteln hinein, so fixiert er die Störungen bis in die Organe hinein.

Wie greifen nun die Genußgifte in die Seelenbetätigungen des Wachseins ein? Die Kaffeewirkung z. B. ist in der Tat so, daß durch die oben geschilderte Lockerung der Lebensorganisation vom physischen Leibe das wache Bewußtsein des Denkens und Vorstellens intensiver wird;

der Seelenorganismus kann tiefer in die Lebensorganisation eintauchen. Dadurch wird auch das Bewußtsein wacher und klarer. Der Seelenorganismus baut dann aber auch stärker am Leibe ab; denn es gibt kein Bewußtsein, das nicht durch Abbau am Körper erkauft werden muß. Dieser Vorgang ist beim Genuß von Kaffee oder anderer Weck-Gifte verständlicherweise intensiver, weil – wie dargestellt wurde – die Lebensorganisation am Wiederaufbau behindert wird, solange die Kaffeewirkung aktiv ist. Dann kommt der Gegenschlag. Bekannt ist, daß nach dem Kaffeetrinken eine bestimmte Müdigkeit auftritt, welche die Wachheit fast immer um so viel herabmindert, als sie vorher durch das Getränk gesteigert wurde. Bei gelegentlichem Gebrauch von Genußgiften fällt es der Lebensorganisation nicht schwer, Unregelmäßigkeiten wieder auszugleichen. Anders ist es bei Dauergebrauch. Um mit einem Bilde die Situation zu verdeutlichen: die Lebensorganisation rastet nicht richtig wieder in den physischen Leib ein, und dann treten erst die funktionellen Störungen im Organismus und später die Organstörungen in Erscheinung.

In keinem Falle wirken Kaffee und Tee so, daß sie das sogenannte meditative Element stark fördern. Sie fördern in etwa die Konzentrationsmöglichkeiten auf bestimmte Dinge der Außenwelt und ihre Begriffswelt. Die Mönche von Kaffa und der heilige Dharma gaben sich Illusionen hin, wenn sie glaubten, durch Genuß von Kaffee oder Tee ihren meditativen Übungen aufhelfen zu können. Die Helfer zu den Konzentrationsübungen führten sie stärker in die Wachheit für die Außenwelt und das damit zusammenhängende Denken und Vorstellen bis in das Rechnerische hinein. Nun muß allerdings einschränkend bemerkt werden, daß vielleicht zu ihrer Zeit gerade diese Entwicklung ihr vornehmstes Ziel war. Aus den gleichen Gründen mag der Kaffee den ägyptischen Mysterien auch schon bekannt gewesen sein. Heute ist die Tendenz der Meditation eine andere. Sie strebt das Eindringen in das Geistige, in das Übersinnliche an. Was an der menschlichen Seele durch Meditation bewirkt werden soll, können die Weck-Genußgifte dem seelischen Bemühen nicht abnehmen. Auch andere derartige Mittel oder gar Drogen sind ungut, welche die Seele aus dem Sinnesbereich herausführen, ihr aber zumeist nur untersinnliche, keineswegs aber übersinnliche Erlebnisse vermitteln.

Ist für das äußere Erdenleben und den Gegenwartsmenschen das Wachsein höchste Aufgabe und auch höchster Genuß, so gehen die Wandlungen im Menschen doch auch dahin, daß sich diesem Wachsein etwas in Bewußtheit zugesellen will, was früher im Seelenleben der Menschen vorhanden war: ein Bewußtsein von Wesensbereichen jenseits der Sinnesgrenzen, ohne daß das gegenständliche Tagesbewußtsein dadurch beeinträchtigt wird.

Über den Tabak

Es wird uns erzählt, daß die Spanier, als sie unter Führung von Christoph Kolumbus am 12. Oktober 1492 auf einer der Bahamainseln landeten, von Indianern begrüßt wurden, die ihnen mit «Rauchröhren» entgegenkamen. Damit begann der gewaltige Einfluß des Tabaks auf die Weißen und schließlich auf die übrige Menschheit der Erde. Die Indianer rauchten den Weißen vor, und diese ahmten es nach. Das ist der typische Weg geblieben, wie der Tabak Einfluß auf den Menschen gewinnt. Ohne daß man eine innere Beziehung irgendwelcher Art zu dem Kraut hat, das da geraucht wird, wirkt es immer wieder nur auf dem Wege der reinen Nachahmung. Das war für die Indianer natürlich nicht der Fall. Für sie hatte der Tabak, wie wir sehen werden, eine eminente Bedeutung.

Wo die Europäer in dem wiederentdeckten westlichen Erdteil auf die Einwohner trafen, da fanden sie, daß der Tabak bei ihnen eine Rolle spielte. Er kommt sowohl in Süd-, Mittel- und Nordamerika wild vor. In Brasilien, wo die ersten Forschungsreisenden ihn bei den dortigen Indianern antrafen, trug er den Namen «Petun», «Petum» oder auch «Bitum». Es wird berichtet, daß die Karaiben am Amazonas ebenso wie die Bewohner der Kleinen Antillen ein Kraut trockneten und verbrannten, um den Rauch einzuatmen und dadurch bestimmte Krankheiten zu heilen. Die Priester oder die Novizen sollen angeblich auch Abkochungen, die aus diesem Kraute hergestellt wurden, getrunken haben. Daher trug es seinen Namen; denn «Petum» oder «Bitum» heißt schlürfen. Diese Indianer waren also fähig, den außerordentlich giftigen Tabakabsud zu trinken. Später hat ein französischer Botaniker den gleichen Namen einer verwandten Gattung des Tabaks gegeben. Ihr gehört die bekannte Zierpflanze, die Petunie, an. Das ist eine Zuchtform, die in der Natur nicht vorkommt. Die Petunie wurde nicht geraucht.

Etwas nördlicher von diesen Tabakschlürfern, auf der Insel Guanahani, dem heutigen San Salvador, traf Kolumbus auf die Indianer mit den

Stuckrelief aus dem Kreuztempel von Palenque

Rauchröhren. In Mexiko – nordwestlich von dem ersten Landungsplatz der Spanier – galt der Tabak den Ureinwohnern als Inkarnation der Göttin Cihuacohuatl. Überall finden wir diese Pflanze ursprünglich in Zusammenhang mit den alten Göttern und den kultischen Handlungen der Indianer. Sie wurde heilig gehalten. Es gibt an der Pyramide von Palenque in Chiapas (Mexiko) Tempelbilder, darunter ein Relief, das einen rauchenden Mann darstellt. Die Abbildung erinnert in ihrer Art an Darstellungen aus ägyptischen Tempeln. Sollen wir das Relief beschreiben und gleichzeitig eine Deutung wagen, so möchten wir annehmen, daß es sich um die Darstellung eines rauchenden Priesters handelt. Unter seinem tigerfellartigen Gewande schlängeln sich zwei schlangenartige Gebilde hervor: eine nach vorn und eine nach hinten. Es kann sein, daß diese Gebilde auch eine Einheit darstellen sollen. Sie halten je ein von unten aufsteigendes stilisiertes, verhärtet wirkendes Vogelgebilde herunter. Das vordere scheint jünger als das hintere zu sein. Um den Kopf des rauchenden Priesters geschieht aber auch einiges. Pflanzliche Formen mit sich entfaltenden Blüten treten hervor. Sie ähneln Lotosblüten. Eine «Lotosblume» ist nach hinten gerichtet, und darauf schreitet «in der Luft» ein zweibeiniges Wesen zu, das menschenähnlich sein kann, andererseits aber mit einem inkarnierten Erdenmenschen außer der schreitenden Bewegung wenig gemein hat. Auf einer vergrößerten Wiedergabe dieses Bildes in einer Jubiläumsschrift von Reemtsma läßt diese Gestalt ein nach rückwärts gewandtes Gesicht erkennen.

Wir versuchen eine Deutung und meinen, daß der inhalierte Tabak in dem Priester wohl so wirkt, daß er erst einmal seinem Seelenorganismus die von unten aufsteigenden Wesen (Dämonen?) fernhält. Gleichzeitig lockert sich in der Kopfgegend der Lebensorganismus, und das läßt den Priester seelisch nach rückwärts schauen, wo ihm ein lebhaft schreitendes Wesen begegnet. Ein Abgeschiedener? Die Toten?

Der aufrecht stehende Priester braucht anscheinend den Tabakrauch, um sein erlöschendes Hellsehen so weit illuminieren zu können, daß er, über die Schwelle schauend, den Verstorbenen begegnen kann. Der Tabak als Kult- und Mysterienpflanze in den degenerierten Mysterien der westwärts gewanderten Atlantisvölker ist in solchen Zusammenhängen eine durchaus verständliche Erscheinung.

In Nordamerika zwischen Missouri und Mississippi, wo früher die kriegerischen Sioux-Indianer lebten, wurde eine Tabaklegende erzählt, die W. Usteri wiedergibt. Auf dem «Plateau du Coteau des Prairies», das ist die Wasserscheide zwischen Mississippi und Missouri, sei eines Tages der «Große Geist» zur Erde niedergestiegen und habe vor den Augen der Sioux aus der dortigen roten Erde eine Pfeife geformt. Er habe Tabak hineingestopft und ihn dann geraucht. Den Rauch aber habe er nach Norden, Süden, Osten und Westen geblasen. Darauf habe er sie ermahnt, auf dem Boden, auf dem er stehe, die Streitaxt – den Tomahawk – und das Skalpmesser aus der Hand zu legen und alle Indianer in Frieden leben zu lassen. Dann sei er in einer Rauchwolke zum Himmel gefahren. An der Erscheinungsstelle des «Großen Geistes» aber habe dieser zwei Frauen zurückgelassen, die – zu Stein erstarrt – noch heute von den Nachkommen um Hilfe und Rat angefleht werden. Will der Priester mit ihnen sprechen, so muß er sich durch Tabakrauch vorbereiten. Er muß sich in eine bestimmte Seelenverfassung bringen. Es scheint so, als führte der Tabak dabei die Seele des Priesters von der Erde fort. Die Seele löste sich vom Leibe. Er kam in ein anderes Bewußtsein. Der Tabakrauch lockerte die Seele vom Leibe, ohne zu töten. Der «Große Geist» ließ aber zwei steinerne Frauen zurück. Das weist recht deutlich darauf hin, daß zwei Seelenkräfte erstarrten.

Dieses Erstarren bewirkt der Tabak bis in das Physisch-Leibliche hinein. Es gibt wohl kaum ein Mittel oder eine Kulturpflanze, die den Menschen auch äußerlich vorzeitig so altern läßt wie gerade der Tabak. Das wird besonders bei rauchenden Frauen frühzeitig offenbar.

Nicotiana tabacum ist eine alte Kultpflanze der Indianer. Es ist recht aufklärend, was Rudolf Steiner über diese aussterbende Menschengruppe ausführte. Er nannte sie «die in der Kultur stehengebliebenen und dadurch zurückgekommenen Nachkommen der Atlantier». An einer anderen Stelle heißt es:

«Nicht in vernunftgemäßen Begriffen und Vorstellungen erhob der Atlantier sich zu seinem Gott, sondern er spürte gleichsam etwas Heiliges in aller Natur als einen Grundakkord der Gottheit – er atmete gleichsam seinen Gott aus und ein.»

«... dazu kam noch, daß die Atlantier mit Hellsehen begabt waren und dadurch im Verkehr mit der Geisteswelt waren ...»

An der wiedergegebenen Indianerlegende ist zu erkennen, wie diese Menschen auf das Atmen hin orientiert waren. Bei den Indianern, den

Inkas und Mayas, ebenso wie bei den im Osten lebenden Asiaten, die in ihren Yogaübungen gerade den Atem bewußter «handhaben», bei allen diesen Atlantiernachkommen tritt das stark betonte Verhältnis zum Atem in Erscheinung. Karikaturen dieser Atemübungen sind fraglos das heutige Tabakrauchen aus dem Westen und das Opiumrauchen aus dem Osten.

Einen kleinen Einblick in das Wesen des Tabaks, wie es für die Indianerseele eine Rolle spielte, gibt die Lebensbeschreibung des Siouxpriesters und -medizinmannes «Schwarzer Hirsch»[1]. Er schildert da, wie zu bestimmten feierlichen Gelegenheiten und kultischen Angelegenheiten des Stammes der Tabak in der heiligen Pfeife gemischt mit anderen Substanzen geraucht wurde. Er vermittelte dem rauchenden Priester und Medizinmann bestimmte seelische Erlebnisse in Imaginationen, die sich auf die Stammesangelegenheiten, auf Jagd- und Kriegszüge bezogen, die aber auch Todesfälle und die Toten des Stammes betrafen, wenn diese Mitteilungen an die auf Erden lebenden Stammesangehörigen machen wollten. Der Schwarze Hirsch bringt sogar einige farbige Versuche, solche Imaginationen bildlich darzustellen. Nun wirkte der Tabak nicht allein auf den rauchenden Priester, sondern auch auf die im Festzelt versammelten Stammesangehörigen, die in gleicher Weise Seelenerlebnisse hatten.

Steht man vor einer ausgewachsenen Tabakpflanze – Nicotiana tabacum –, dann kann man den Eindruck haben, daß sie eine imponierende, stattliche und schöne Pflanze ist. Sie erscheint in ihrem geraden, aufrechten – man möchte fast sagen – «ich-haften», stolzen Wuchs wie etwas Besonderes und Hervorragendes unter ihren näheren und ferneren Verwandten, die alle nicht diese Würde erreichen. Sie gehört zur Familie der Nachtschattengewächse, von denen bei uns die Tollkirsche, das Bilsenkraut, der Stechapfel und das Bittersüß heimisch sind. Der Zug des Columbus nach dem Westen brachte die Herrschaft dieser Pflanzenfamilie über die Menschheit. Der Tabak, die Kartoffel, die Tomate, Peperoni, Paprika sind Nachtschattengewächse, die uns der Westen beschert hat.

Geht man im Sonnenschein durch Felder blühender Tabakpflanzen, dann kann man vielleicht verstehen, daß die naturverbundenen India-

[1] Schwarzer Hirsch: Ich rufe mein Volk, dtv 56.

ner diese Pflanze als Geschenk einer Gottheit betrachteten, daß sie sie mit ihren Wirkungen verehrten und hüteten im Bereich heiliger Riten ihrer Medizinmänner und Priester. Sie war ein Geschenk an die rothäutigen Indianer. Die weißhäutigen Europäer, denen jeglicher Instinkt fehlte, haben sie mit sich genommen, ohne sich um die schenkende Gottheit und die geistigen Hintergründe des Geschenkes zu kümmern.

Im Gegensatz zu den anderen Genußgiftpflanzen ist der Tabak eine einjährige Pflanze, wie überhaupt alle Pflanzen, die um des Atems willen verwendet werden, einjährige Pflanzen zu sein scheinen. Als krautige Pflanze erreicht er eine Höhe von 80–250 cm. Wechselständig wachsen die ganzrandigen Blätter in einer Spirale um den massiven Stengel hinauf und wandeln dabei allmählich ihre Form und Größe. Unten sind sie sehr groß und breit, von länglich-elliptischer Gestalt, nach oben werden sie schmaler und kleiner. Die unteren Blätter laufen am Stengel noch ein Stück abwärts und umfassen ihn wie eine kleine Halskrause. Stengel und Blätter sind vom Erdboden bis hoch in die Kelchgegend der Blüten hinauf drüsig behaart und strömen einen unangenehmen Duft aus.

Die Pflanze krönt ihren stolzen Wuchs mit einem schönen Blütenstand in Rispenform, dem zahlreiche weiß-rosa, auffallend langröhrige Blüten entwachsen, die ihre Trichter wie Füllhörner nach allen Himmelsrichtungen ausstrecken, als öffneten sie sich direkt den Umkreiskräften. Im Gegensatz zur übrigen Pflanze sind die Blüten vollkommen duftlos. Fremd- und Selbstbestäubung wirken in den Blüten gleichermaßen. In der Heimat des Tabaks erfolgt die Bestäubung durch Nachtschmetterlinge und Vögel. In Europas Anbaugebieten reicht die Blütezeit etwa von Ende Juni bis in den September hinein. Sind die Blüten verblüht und in den Samenkapseln dann unendlich viele und sehr kleine, ei- bis nierenförmige Samen (ein Stand bringt etwa 360 000 Samen hervor), dann ist auch gleichzeitig ein Naturwunder geschehen, denn aus der Überfülle von Durchgiftung dieser Pflanze reifen vollkommen giftfreie Samen. Erst in der neuen Vegetationsperiode des nächsten Jahres tritt der Giftimpuls wieder in die sich entwickelnde Pflanze ein. (Beim Bauerntabak dagegen sind auch die Samen durchgiftet.)

Im Gegensatz zu anderen Verwandten, die kräftige Wurzelstöcke entwickeln, bildet die Tabakpflanze nur zahlreiche faserige Erdwurzeln.

Was macht nun die Tabakpflanze heute für die Menschen so interessant? Ihr Gehalt an Gift!

Das wesentliche Gift des Tabaks ist ein Alkaloid – das Nikotin. Es ist neben der Blausäure, dem Cyan, das schwerste Gift, das wir überhaupt kennen. Um des Nikotins willen raucht der Raucher seinen Tabak. Dabei darf nicht übersehen werden, daß beim Rauchen eine ganze Anzahl anderer Gifte entstehen und eine Rolle spielen, die ebenfalls sehr gefährlich sind. Kohlenoxyd, Blausäure in kleiner Menge, Pyridin, Aldehyde und Karbolsäure werden in den Analysen angegeben. Auch Teerstoffe werden gefunden: Benzpyrene, Anthrazene und Phenanthrene.

Es ist nun interessant, daß man lange Zeit nicht wußte, wie das Nikotin überhaupt in die Pflanze kommt. Es war selbstverständlich und entsprach den üblichen Vorstellungen, daß man annahm, dieses Eiweißgift entstehe durch Stoffwechselvorgänge in den Blättern. Man konnte es aber niemals nachweisen, und man fand auch, daß die reifen Samen vollkommen giftfrei sind. Rätsel über Rätsel taten sich den Forschern auf. Bis man begann, experimentelle Wege einzuschlagen. Auf Indizienwegen kam man dem Vergiftungsvorgange in der Tabakpflanze auf die Spur. Wie stellte man es an?

Die Nachtschattengewächse lassen sich relativ leicht auf verwandte Pflanzen pfropfen. Man pfropfte also Tabaksprosse auf Tomatenwurzeln und erhielt einwandfreie Tabakblätter *ohne* Nikotin. Pfropfte man aber Tomatensprosse auf eine Tabakpflanze, dann enthielten die entstehenden Tomatenblätter – Nikotin! So kam man schließlich dahinter, wo dieses Gift produziert wird. Man schnitt Tabakwurzeln ab, und da zeigte sich, daß sie das Nikotin *ohne* die früher vermutete direkte Lichteinwirkung im Blatt vollständig im Dunkeln aufbauen und auch an das umgebende Erdreich abgeben.

Die Wurzel ist der Ort des Nikotinaufbaues. Von dort kommt das Gift mit dem Saftstrom in Stengel und Blätter. Ständig mehrt sich dort die Giftansammlung. Die Tabaksprossen bilden selber keinerlei Nikotin, trotzdem steigt der Giftgehalt dort dauernd an. So kommt man zu dem Schluß, daß dieses Nikotin sich rein physisch in den Blättern ansammelt und summiert, weil der von den Wurzeln aufsteigende Saftstrom dort verdunstet und das Nikotin zurückläßt. So glaubt man auch, daß dieses Gift für die Pflanze selber keine besondere Funktion ausübe. Wie weit das stimmt, läßt sich wohl mit den groben Methoden des Experimentes schwer feststellen.

Es gibt keine zeitlichen und Umwelts-Einflüsse, welche die fortdauernde Nikotinanhäufung in den Blättern hemmen könnten. Vom ersten sich entwickelnden bis zum letzten Blatte nimmt der Nikotingehalt fortwährend zu. Somit haben die ältesten Blätter, solange sie gesund sind, auch die stärkste Nikotinansammlung. In den Blättern sammelt sich das Nikotin besonders an den Rändern und an der Spitze, da wo die Transpiration am stärksten ist.

Als man diese Wege erst einmal klar hatte, wollte man natürlich auch wissen, wo und wann die Nikotinbildung beginnt. Man untersuchte die Samen. Der junge Samen – etwa in der Milchreife – enthält noch Nikotin aus dem Saftstrom der Mutterpflanze. Der ausgereifte Same ist dagegen frei von Nikotin! Wo es geblieben, vermag niemand anzugeben.

Sowie nun der Same ins Keimen kommt, tritt in den Keimblättern sofort – neben den dort vorhandenen Aleuronkörpern, d. h. Eiweißkörpern, Nikotin auf. Die Nikotinentstehung beginnt, ehe ein Würzelchen auch nur die geringste anorganische Stickstoffverbindung aufnehmen kann, d. h. auch in Wasser. Sowie dann Würzelchen gebildet sind, geht die Nikotinbildung für die Lebensdauer der Pflanze nur noch in den Wurzeln vor sich.

Das Nikotin wird von der Wissenschaft heute als ein Endprodukt aufgefaßt. Es wird auffallenderweise beim Welken und Vergilben der Blätter nicht abgebaut oder eingeschmolzen, ja es verändert sich nicht einmal bei der Verwesung der Pflanze. Nur Mikroorganismen können das Nikotin abbauen.

Wir haben das Merkwürdige, daß Nikotin in den Todesprozessen der Tabakpflanze nicht verschwindet und nicht zugrunde geht, sondern nur dann, wenn die Samen dem Kosmos exponiert und zur Vollreife gebracht werden. Dann verschwindet das Nikotin, ohne eine Spur zu hinterlassen.

An der ausgewachsenen Tabakpflanze kann der aufmerksame Beobachter vielerlei Symptome oder Signaturen entdecken, die auf die besondere Wirksamkeit dieser Giftpflanze hinweisen können. Sie hier aufzuzeigen, würde zu weit führen. Gehen wir aber durch ein Tabak-

feld, dann spricht uns wohl zuerst eine gewisse Schönheit der einzelnen Pflanze an – das Rosa der Blütensphäre, das leichte oder dunkle Grün der Blätter, die mehr oder weniger gelb auflichten, aber diese Schönheit läßt den Beschauer doch auch wieder kalt. Kein Duft aus Blütenkelchen bringt in diese kalte Lichtwelt auch die Wärme. Zwischen den Tabakpflanzen spürt man aus den Blatt- und Stengeldrüsen den charakterisierten starken Duft, der immer auch einen Hauch des Todes an sich zu haben scheint. Ein Feld mit dunklen Tabaksorten, die ebenfalls rosa blühen, vermittelt ein ausgesprochen schweres Blaugrün-Erlebnis, das sich einem direkt beklemmend auf die Atmung legt.
Es ist nun eine merkwürdige Tatsache, daß Kolumbus auszog, um Gewürze, Aromen und Duftstoffe zu suchen, in einer Zeit, wo die Menschheit wach geworden war für die Wirkung solcher Substanzen. Und was brachte er heim? Vor allem den Tabak, der die Riech- und Schmeckfähigkeit des Menschen allmählich vermindert und auslöscht.

Welche Wirkung übt nun der Tabak auf den genießenden Menschen aus? Das ist die entscheidende Frage für die Beurteilung dieser giftigen Genußpflanze. Diese Frage ist auch von den verschiedensten Seiten untersucht und beantwortet worden.
Für die Indianer – die Atlantiernachkommen mit ihrem atavistischen Bewußtsein – ist die Frage ziemlich deutlich durch die Legende und den Hinweis auf die Bilder des «Schwarzen Hirschen» beantwortet. Der Tabak versetzte sie in eine Art von jenseitigem Bewußtsein und ermöglichte ihnen dadurch die Verbindung zu den Toten, die ihnen auch Hinweise für die Zukunft vermittelten. Zum anderen wirkte er auch hemmend auf ihre marshafte Willensentwicklung.
Für die Europäer und das gegenwärtige Bewußtsein tritt die gleiche Wirkung in anderer Weise in Erscheinung, wenn auch der Wille sehr stark gehemmt wird. Rudolf Steiner hat da wohl die grundlegende und auch umfassendste Antwort gegeben, indem er darauf hinwies, daß das Nikotin «auf die Blutzirkulation wirkt und die Blutzirkulation lebhafter macht» als normal. Das klingt recht einfach und harmlos, birgt aber mehr, als man obenhin vermutet.
Der Tabak regt zwar die Blutzirkulation an, aber nicht die Atmung! Das ist das Interessante. Er zerreißt den Menschen innerlich. Geraucht wird er angeblich um der Atmung willen; geraucht wird er, um die

Atmung bewußter zu machen. Damit wird sie aber nicht angeregt, sondern eher abgelähmt; das Blut jedoch wird in seinem Tempo beschleunigt: «Die Atemstöße, die bleiben dieselben. Nun paßt also der Blutkreislauf nicht mehr mit der Atmung zusammen» (R. Steiner). Damit wird auf die grundlegende Störung im menschlichen Körper hingewiesen. Nikotin bringt ein kosmisch bedingtes rhythmisches Verhältnis im Menschen durcheinander, das auf die Zahl von annähernd 18:72, also 1:4, festgelegt ist. Das heißt: auf 18 Atemzüge kommen beim erwachsenen Menschen etwa 72 Pulsschläge, und dieses Verhältnis stört das Nikotin, indem es den Puls beschleunigt, den Atem aber läßt, wie er ist. Wenn der eine Teil stärker arbeiten muß als der andere dazugehörige arbeiten kann, dann gibt es ein inneres Gezerre.

Die Folge des durch Nikotin veranlaßten Mißverhältnisses ist, daß der Mensch und sein Blut zu wenig Sauerstoff bekommt, d. h. eigentlich ständig in einer gewissen Atemnot lebt und damit in einem fortwährenden, unterbewußten Angstgefühl. Wer je Menschen mit Atemnot im Asthmaanfall erlebt hat, weiß, wie stark die Angst damit zusammenhängt. «Angst» heißt schließlich nichts anderes als «Enge». Auch Angina heißt Enge. Tabak verengt tatsächlich bis ins Körperliche hinein die Blutgefäße. Der Raucher wird blaß, weil die Blutgefäße seiner Haut verengt sind. Damit wird auch die Blutverteilung im Körper eine andere.

Das entstandene Mißverhältnis von Atem zum Puls wirkt besonders störend auf die Nieren, so daß die Ausscheidungen sich verändern. Die Niere ist das Organ, durch welches das organverhaftete Seelenleben des Menschen am meisten hereinwirkt und den Rhythmusanteil «72» mitbestimmt.

Der Mensch bekommt ein zu schnelles, inneres, leicht aufgeregtes Lebenstempo. Er verbraucht sich zu schnell und verkürzt seine Lebensdauer. Die meisten Raucher sterben früher als die Nichtraucher. Das Zuviel an Nikotin läßt den Tod früher eintreten. Die Menschen gehen «eigentlich an allerlei inneren, das Herz beeinflussenden Angstzuständen langsam zugrunde» (R. Steiner). Das sind in großen Zügen die Hauptwirkungen des Tabaks auf den Menschen und seine Wesensglieder.

Die Naturwissenschaften und die Medizin haben sich intensiv um die Erforschung der Tabakwirkungen bemüht. Da in ihrer Forschungsart ein echtes Bild vom Menschen fehlt und man nur das erforscht, was mit Sinneswahrnehmungen und Sinnesorganen zu erfassen ist, vermag man die hintergründigeren geistigen Zusammenhänge nicht in den Kreis seines Forschens einzubeziehen. Aber eine Fülle von Einzeltatsachen sind doch herausgefunden, welche die umfassendere geisteswissenschaftliche Erklärung der Nikotinwirkung voll bestätigen. Der grundlegende Einfluß des Nikotins geht auf das Blut bzw. die Blutzirkulation. Man stellte eine Steigerung der Pulsfrequenz (um ca. 36 Schläge pro Minute) und des Blutdrucks, sowie einen Abfall der Hauttemperatur fest. Dieser war die Folge verminderter Hautdurchblutung, die wiederum durch die Verengerung der Blutgefäße, besonders der Haargefäße in der Haut entsteht. Diese Wirkung läßt sich schon beim Rauchen einer einzigen Zigarette feststellen, wenn man mit der Lupe die Nagelfalzgefäße beobachtet.

Der Temperaturabfall, an der Haut gemessen, beträgt beim Rauchen einer Zigarette zwischen 6–8,3 ° C (im Experiment). Beim Gewohnheitsraucher bzw. beim Rauchen mehrerer Zigaretten geht die Temperatur natürlich nicht immer weiter herunter. Es erfolgt eine gewisse Ausgleichsregulation; doch wird damit die Anfangshauttemperatur nicht wieder erreicht.

Auch die Lunge zeigt Beeinträchtigungen, weil sie dem beschleunigten Blutrhythmus nicht folgen kann. Man hat aber auch festgestellt, daß die normale Atemfähigkeit beim Raucher eingeschränkt ist. Nicht nur die Menge der Ausatmung ist vermindert, sondern auch die Fähigkeit, Luft aufzunehmen. Dabei ist die Restmenge des Atems in der Lunge, d. h. der Luft, stets erhöht. Ganz leer geatmet wird die Lunge bekanntlich nie, aber beim Raucher ist dieser Rest größer als beim Nichtraucher. Das bedeutet eine zunehmende schlechte Sauerstoffversorgung des Blutes. Jeder Gewohnheitsraucher hat eine abnorme Lungenfunktion, hat zuwenig Sauerstoff im Blut und somit eine Stoffwechsellage, welche die Krebsbildung im Organismus grundsätzlich fördert.

Das Nikotin wirkt auch auf das vegetative Nervensystem und da besonders auf die Ganglien. Anfänglich wirkt es erregend und dann lähmend.

Es dürfte klar sein, daß ein Gift, das auf das Blut und auf das Nervensystem so intensiv wirkt, über diese beiden Systeme auch auf die meisten Einzelorgane eine starke Wirkung ausüben muß. Die inneren Drüsen

werden beeindruckt: z. B. die Schilddrüse wird in ihrer Tätigkeit durch das Nikotin in der Richtung der Basedowschen Erkrankung erhöht. Da beachte man nur die Erregungszustände des Rauchers. Von der Schilddrüse aus ergeben sich wiederum Wirkungen auf die Unterleibsfunktionen bei Frauen. Ein anderes Beispiel ist die Wirkung auf die Nebenniere. Sie schüttet bei der ersten Zigarette etwa die vierfache Menge an Adrenalin in das Blut aus als gewöhnlich. Darauf beruht das anfänglich gehobene Gefühl des Rauchers, das dann – wie bei jeder Sucht – nach dem Mehr, nach der Steigerung verlangt. Auf der Adrenalinschwemme beruht auch das Tempo der Zirkulation. Ebenso hat man Stoffwechselstörungen festgestellt. Der Raucher zeigt nur 50 % Vitamin C in seinem Blut gegenüber dem Nichtraucher. Derartige Befunde können hier nur ganz aphoristisch angedeutet werden. Jeder einzelne Befund hat natürlich weitreichende Folgen für die Gesundheit des Menschen, die nicht einfach verschwinden, wenn das Rauchen eingestellt wird.
Von der Nikotinwirkung in der Schwangerschaft ist zu sagen, daß die Frau überhaupt empfindlicher gegenüber dem Tabak ist als der Mann. Diese Empfindlichkeit steigert sich, wenn sie ein Kind erwartet. Alle Komplikationen dieser Zeit treten bei Raucherinnen um etwa 300 % häufiger auf als bei Nichtraucherinnen. Außerdem sind Totgeburten und Todesfälle nach der Geburt sowie Frühgeburten bei Raucherinnen wesentlich häufiger als bei Nichtraucherinnen. Das Tabakgift trifft aber vor allem die Frucht. Die Kindsbewegungen vermehren sich. Der Sauerstoffmangel macht sich auch im kindlichen Blut bemerkbar durch erhöhte Zahl von Mißbildungen am Kinde. Die Zahl der Fehlgeburten ist vermehrt bis um 250 %. Das Geburtsgewicht von Kindern der Raucherinnen ist im Durchschnitt um 200 g niedriger. Besonders zu beachten ist die Tatsache, daß das Nikotin auch in die Muttermilch übergeht.

Die Tabakpflanze verbindet Licht und Schwere in ausgesprochen hohem Maße. Sie ist eine Pflanze, die ungewöhnlich viel Asche im Verbrennen hinterläßt. Was sie im Organismus bewirkt, ist von ganz ähnlicher Art. Der Lebensorganismus trocknet ein. Es wird ihm seine Eigenart entzogen. Das kann man schon daran erkennen, daß der Hunger verschwindet. So wirkt auch in dieser Weise das Nikotin störend in den Stoffwechsel. Die Ichkraft wird gelähmt. Auch diese Tatsache offenbaren chronische Raucher in ihrer oft zu beobachtenden mangelnden Ent-

schlußfähigkeit. Man vergleiche nur, wie der Tabakrauch lähmend auf die Bienen wirkt. Als letzte krankheitsfördernde Wirkung sei hier nur noch die Krebsbildung durch Nikotin und seine Begleitgifte erwähnt. Bekannt ist, daß Pfeifenraucher leichter an Lippenkrebs, Zigarrenraucher an Zungen- und Gaumenkrebs, Zigarettenraucher an Bronchial- oder Lungenkrebs erkranken. Auch Blasenkrebs wird bei Rauchern vermehrt beobachtet. Diese furchtbare Tatsachenreihe haben die Regierungen der angelsächsischen Länder zu einer entsprechenden Gesetzgebung geführt. Die Zigarettenpackungen müssen einen Aufdruck haben, der auf die Gefahren hinweist, die durch das Rauchen entstehen können.
Der Tabak war anfänglich eine Heilpflanze und eine Kultpflanze. Alle Giftpflanzen sind Heilpflanzen in den Händen dessen, der sie kennt. Viele von ihnen sind aus den Mysterienstätten der Völker in den Heilschatz übergegangen. Man würde der Tabakpflanze nicht gerecht werden, wenn man ihren Heilwert nicht auch betonte. Ihre Anwendung zu Heilzwecken geschieht auch heute noch von verschiedenen Gesichtspunkten aus. Während der Tabak in der offiziellen Medizin keine Verwendung mehr findet, hat die Homöopathie noch einige Anwendungsanzeigen für ihn. Sehr bewußt wird aus der Einsicht in das Wesen des Tabaks Nicotiana in der anthroposophischen Heilkunde verwendet. Überall dort, wo das Seelische des Menschen gewissermaßen Unordnung schaffend oder deformierend in die Lebensvorgänge des Organismus eingreift, da ist dem Heilwirken des Tabaks mancherlei Möglichkeit geboten, z. B. im Lungenbereich bei Asthma bronchiale, im Bauchbereich bei Krämpfen aller Art, bei Darmverschluß (Ileus) und im Knochenbereich bei der Rhachitis. Auch in der Heilpädagogik, wenn das Seelische nicht richtig in die Entwicklung des Kindes eingreift, wenn Organe nicht richtig ihre Formung und Ausgestaltung erfahren, kann Nicotiana tabacum in potenzierter Form ein wirksamer Helfer des Arztes sein.

Wir wissen, daß der Tabak schon seit Jahrhunderten nicht mehr dem Heilbereich vorbehalten geblieben ist. Er ist aus dem Mysterienbereich herabgestiegen und – wie es so schön heißt – zu einem Genußmittel geworden. Es gehörte wohl niemals zu den Heilinstinkten der Menschen, wenn sie bestimmte, besonders giftige Pflanzen in ihren allgemeinen Gebrauch nahmen. Zumeist spielten solche Pflanzen – wie es für den Tabak angedeutet wurde – eine Rolle in den Mysterien einzelner Volks-

Tabakblüten

Nächste Seite: *Badischer Tabakbauer*

Tabakernte in Baden

Foto Pragher (3)

gruppen. Durch den Verfall der Mysterien gelangten sie in den Gebrauch, bzw. den Mißbrauch der Laien. Diese erstrebten durch den Tabak etwas, was früher nur durch die Mysterien zu erreichen war. Da aber bei ihren Maßnahmen nicht mehr die Menschenerkenntnis der Mysterien dahinter stand, ergab sich der Mißbrauch. Kein Wissen schützte die Laien mehr vor dem Zuviel der Haupt- und Nebenwirkungen, durch die derartige Pflanzen geeignete Mysterienpflanzen geworden waren. Erwähnt seien als Beispiele noch der Mohn mit dem Opium und der Hanf mit dem Haschisch. Das gleiche gilt für den Tabak. Die Pflanzen werden dann zu «Genußmitteln». Es tritt allmählich eine gewisse «Gewöhnung» ein und schließlich die «Sucht», den Reiz, den sie auslösen, zu erhöhen. Dieser Weg führt in den Seelenverfall und direkt in die Krankheit.

Erstaunlich ist aber der Weg zum «Genußmittel». Da kann man keineswegs vom «Genießen» sprechen. Der Tabak ist schon als Pflanze ausgesprochen übelduftend, besonders dann in all seinen Auflösungsäußerungen – ob als Geschmacksniederschlag auf der Zunge, im Atem des Rauchenden oder als Asche im Aschenbecher, ob als kalter Rauch oder als Absud in der Pfeife und in Zigarrenmundstücken oder Zigarettenkippen. Trotzdem zwingt sich der Mensch von Anfang an zu immer wiederholten Erlebnissen gerade dieser Sinneswahrnehmungen. Er muß alle Abwehrmaßnahmen seiner noch gesunden Instinkte immer wieder ausschalten und überwinden (man denke an die ersten Rauchversuche!), um von dem Tabak das zu haben, was er anscheinend aus einem unterbewußten Drange erstrebt. Erkrankt der Mensch aber, dann wachen seine Abwehrinstinkte wieder auf: das Rauchen schmeckt nicht mehr!

Die geisteswissenschaftliche Untersuchung des Tabaks hat den starken Einfluß auf das Blut als selbständiges Organ und als Organ des menschlichen Ich erwiesen. Es ist ein Ringen um dieses Ich in anderer Weise als bei dem Alkohol. Daß die Bedeutung des Rauchens nicht etwa nur in unserer Zeit so überschätzt wird, möge der abgebildete Brief aus dem vorigen Jahrhundert zeigen, in dem ein später berühmt gewordener Chemiker seinen Vater um die Erlaubnis bittet rauchen zu dürfen. Das tat er noch als erwachsener Mensch. Heute fragt der kleine Knabe niemanden mehr, wenn er rauchen will.

Der Text des Briefes lautet:

Hanau, den 24. Dezember 1834

«Obgleich ich nicht zweifle, daß Sie, geliebter Vater, mit den Ansichten, die ich in dem Ihnen vergangenen Montag überreichten Schreiben äußerte, einverstanden sind, so wollte ich Sie doch nochmals darum bitten, mir das Rauchen zu erlauben. Ich verstehe ja hier unter *Rauchen* nicht, daß man täglich und stündlich die Pfeife im Munde hat – nein, ich will es nur als ein seltenes, und dieser Seltenheit wegen um so lieberes Vergnügen ansehen, als eine Belohnung nach gethaner Arbeit, als ein Zeichen Ihrer Zufriedenheit mit meinen Fortschritten in der Mathematik – kurz als die Gewährung meines heißesten Wunsches. Bedenken Sie doch auch ja, einen wie großen, wie wichtigen Einfluß dieses Ereigniß, (obgleich es manchem unbedeutend scheinen kann) auf mein Studium, ja ich kann wohl ohne Übertreibung sagen, auf meine Existenz hat. Ich will nicht erwähnen, daß mir die Nichterfüllung meines Wunsches stets traurige Stunden machen wird, nicht, daß, außer den Ihnen schon geäußerten Unannehmlichkeiten, mir auch der Umgang mit meinen Freunden verbittert werden wird; denn ich glaube gewiß, daß Sie, wenn Sie obiges in Betracht ziehen, mir (gemäß) schon meinen Wunsch gewähren werden.

In der freudigsten Erwartung bin ich als Ihr Sohn

H. Kopp.»

Wenn in der zitierten Sioux-Legende der «Große Geist» dem Volk der Indianer erscheint mit der Weisung, seine Mars-Anwandlungen aufzugeben und fortan den Frieden zu halten, indem er ihm als Ersatz aus der roten, d. h. eisenhaltigen Erde eine Pfeife formt und das Tabakkraut zeigt, das auf Grund seiner Blütenfarbe auch eine Venus-Beziehung hat, dann liegt darin für die Indianer ein zukunftweisender Aspekt. Er zeigt ihnen klar die Willens-wandelnde Tabakwirkung in Zusammenhang mit dem Ende der alten Rassenzusammenhänge. Tabakrauchen heißt für die Indianer «verzichten», heißt, sich zurückziehen von ihren auch marsbedingten kriegerischen Erdenzusammenhängen. Der Wille, die Aktivität nach außen werden durch Tabak abgelähmt. Der Raucher spinnt sich stärker in sich ein, ob er es selber merkt oder nicht. Der Kontakt mit der Umwelt und mit anderen Menschen wird verringert. Er wird oberflächlicher. Schließlich wird der Kontakt des Rauchers mit sich selber durch den hemmenden Einfluß auf sein Willensleben verringert.

Diese seelischen Vorgänge haben ihre Polaritäten in dem allmählichen Versagen ihrer organischen Grundlagen. Das übersäuerte, aber Sauerstoff-unterernährte, «gehetzte» Blut ist keine richtige Grundlage für das gesunde Eingreifen und Wirken des Ich. Das ständig gereizte und abgelähmte vegetative bzw. Ganglien-Nervensystem läßt den Seelenorganismus nicht zu einer einheitlichen Tätigkeit kommen, so daß er auch dem Ich nicht mehr recht folgt. Der menschliche Lebensorganismus aber, der von einer regelrechten Sauerstoffzufuhr abhängig ist, um seine Lebensfunktionen, sein gesundendes Wirken entfalten zu können, er kümmert und siecht allmählich dahin. Er vermag auf die Dauer die giftigen Tabakeinwirkungen nicht auszugleichen. Daraus ergeben sich natürlich auch Konsequenzen für das Denkleben des chronischen Rauchers, auf die hier nicht weiter eingegangen werden soll. Es wird zwar behauptet, das Rauchen mache das Denken freier, doch wird nie untersucht, wovon es freier macht. In Wirklichkeit wird es oberflächlicher und kurzschlußhafter. Es wird abstrakter und intellektueller. Das ruft vielleicht die Illusion hervor, als werde es durch den Tabak freier. In der Realität erscheint das Ich immer weniger beteiligt zu sein an diesem Denken. Es wird eigentlich nur mitgerissen.

Aus den bisher aufgedeckten Beziehungen zwischen Mensch und Tabak ist es wahrscheinlich, daß es nicht *allein* der Willkür des Menschen zuzuschreiben ist, daß dieses stolze Kraut einen derartigen Einfluß auf die Menschheit der Bewußtseinsseelen-Zeit gewonnen hat. Wie beim Weinstock und dem durch chemische Umwandlung des Traubensaftes entstehenden Alkohol bestimmte geistige Kräfte einen wesentlichen Einfluß darauf hatten, als er sich den Menschen aufdrängte oder aufgedrängt wurde, so scheinen auch beim Tabak geistige Hintergründe wirksam zu sein – nur eben aus anderen Bereichen heraus.
Der Mensch konnte sich einst um seiner Entwicklung willen dem Wein und dem Alkohol nicht entziehen. Erst viel später mußte er gegenüber dem Alkohol «nein» sagen lernen. Etwas Ähnliches liegt fraglos auch beim Tabak vor. Es gibt – nach unserer Meinung – nur den Unterschied, daß Tabak und Nikotin anscheinend keine notwendigen Voraussetzungen für die Entwicklung und Evolution der menschlichen Seele und Individualität abgeben, außer der, daß diese dagegen ankämpfen sollten.

Physiologisch haben beide Substanzen gewisse Voraussetzungen im Organismus. Alkohol kommt von Natur aus in der Leber vor, und ebenso kommen dort die Abbauprodukte des Nikotins auch beim Nichtraucher vor. In beiden Fällen allerdings nur in minimalen Mengen. Sie sind beide möglicherweise die substantiellen Ausgangspunkte der Sucht und daher des Mißbrauchs dieser Gifte.
Die Entwicklung der Menschheit nach der Zeitenwende kann aus ihrem christlichen Charakter heraus keine zwingenden stofflichen Einwirkungen als Entwicklungsvoraussetzungen des Menschenwesens gebrauchen noch fordern, wie es eine vorchristliche mit dem Weine tat (s. Dionysos). Es können also eigentlich nur solche Kräfte daran interessiert sein, welche die menschliche Evolution hemmen oder ablenken, wie es heute auch durch den Alkohol geschieht. Daß es sich wirklich um solche Kräfte handeln kann, sieht man an den Folgen, die man an den vom Tabak erzeugten Symptomen ablesen kann: flüchtiges, schablonenhaftes Denken, Minderung des Interesses am Nächsten, Zunahme der Ich-Bezogenheit und des Egoismus, Minderung der Liebe überhaupt in jeder Beziehung, im ganzen zunehmende, auch körperliche langsame Entartung des rauchenden Menschen.
Der immer mehr freigelassene Mensch unterliegt und folgt ständig neuen, ihn unfrei machenden Zwangsvorstellungen, von denen der «Rauchzwang» nicht die geringste und harmloseste ist. Hinter solchen erdumspannenden, aber auch erdverhaftenden Bewegungen, zu denen auch die Propagierung des Rauchens gehört, werden geistige Kräfte sichtbar, die an der Freiheit des Menschen kein Interesse haben.

Es wurde der Versuch gemacht, den Tabak skizzenhaft von den verschiedensten Seiten aus zu beleuchten. Es wurde vorgebracht, was Geisteswissenschaft und äußere Wissenschaft darüber zu sagen haben. Es handelte sich bei diesen Ausführungen keineswegs darum, nur auf platte Weise das Gruseln zu lernen. Für einen Menschen der Bewußtseinsseelenzeit können ja nur die Einsicht und die Vernunft des einzelnen Ich leitend sein. Wie beim Alkohol kann und muß auch beim Tabak das Ich aus der Einsicht nein sagen lernen zu dem, was seinem Seelenwesen und seinem Organismus unzuträglich ist. Da wird einem oft entgegnet, der oder jener rauchte sein Leben lang, und es hat ihnen niemals geschadet. Da kann man nur sagen, es gibt auch starke Ichs, die mit Giften fertig werden können. Sie vertragen sie. Aber die meisten rauchen überhaupt nur, weil sie ein schwaches Ich haben. Ihre Finger fangen schon an nervös zu zittern, wenn sie nicht zur rechten Zeit die nächste Zigarette finden.

Vor Abschluß dieser Betrachtung muß noch kurz der soziale Aspekt des Tabakkonsums betrachtet werden. Wir meinen nicht die ungeheuren Einnahmen, die Staat und Industrie durch den Verbrauch an Tabak haben, sondern die schon kurz berührte Wirkung des Rauchens auf Menschen, die nicht rauchen. Es sollte, wie es früher gehandhabt wurde, auf jene Menschen Rücksicht genommen werden, die nicht mit dem Tabakrauch in Berührung kommen wollen. Es gab Rauchzimmer und andere Möglichkeiten, solche Menschen unbelästigt zu lassen. Insbesondere sollten die Erwachsenen auf Jugendliche insofern Rücksicht nehmen, daß sie sie nicht durch Beispiel frühzeitig zum Rauchen animieren.

Fragt man Raucher, warum sie rauchen, so wissen die meisten keinen richtigen Grund anzugeben. Sie gestehen sehr oft, daß sie keinen besonderen Genuß vom Rauchen haben und auch früher nicht gehabt haben. Sie mußten anfangs sogar starken Ekel gegen die üblen Düfte des Tabaks überwinden. Sie rauchen dann nur aus Nachahmung, Gewohnheit, Langeweile und Schwäche weiter; denn der Entschluß, es sich abzugewöhnen, fällt ihnen meistens schwer. In einem Alter, in dem das Nachahmen eigentlich nicht mehr so zwingend sein sollte, pafft der jugendliche Mensch, weil es die Erwachsenen – vor allem die Lehrer und die Eltern – vormachen.

Warum rauchen heute schon die Kinder? Weil oft die Mütter es ihnen schon in frühester Zeit vorgemacht haben. Wie oft findet man rauchende Mütter, die ihrem Kinde die Flasche geben, rauchende Mütter mit Kindern auf dem Schoße oder bei Bereitung der Mahlzeiten. Warum raucht die Frau? Weil sie den Mann nachahmt, nachgeahmt hat und damit ihre Gleichberechtigung zur Schau trägt. Warum raucht der Mann? Weil ihm als Buben Erwachsene – Lehrer und andere ältere Kameraden – das vorgemacht haben: nur aus reiner Nachahmung. Immer wieder ist es erst reine Nachahmung und dann Gewohnheit, die für die Verbreitung des Rauchens sorgt. Zwanghafte Nachahmung ist es, die von vornherein neurotischen Charakter trägt und in vielen Fällen zu ausgeprägten Neurosen führt.

Auffallend ist, wie weitgehend bei den Erziehern die Sucht nach dem Nikotin die Zurückhaltung und Beherrschung wegräumt. Das gilt für Lehrer von Schulen aller Art und ohne Ausnahme. Natürlich gibt es immer welche, die nicht rauchen. Es ist aber immer wieder unverständlich, daß Pädagogen, die mit der Tatsache der Nachahmungskräfte in der kindlichen Entwicklung zu rechnen wissen, den Kindern für die Zeit ihrer noch bestehenden Nachahmungsbereitschaft das Beispiel des Rauchens geben. Sie könnten wohl wissen, daß sie damit den ihnen anvertrauten Kindern ein schwerstes Gift vermitteln. Sie dürften genau wissen, daß das Nikotin die körperliche und seelisch-geistige Entwicklung der Kinder schwer beeinträchtigt, daß die Kinder in ihrer Willensentwicklung, in ihrer geistigen Wachheit und Entfaltung, in ihrer Sinnestätigkeit gehemmt sowie in ihrem Verhalten zu ihren Nächsten wesentlich zur Lieblosigkeit und Rücksichtslosigkeit gedrängt werden.

Weinstock und Alkohol

Will man sich ein annähernd der Wirklichkeit entsprechendes Bild von jener Sphäre des «Genusses» machen, die durch den Titel dieser Betrachtung umrissen ist, dann muß man sich darauf einlassen einzusehen, daß das überhaupt nur möglich ist, wenn man die großen Veränderungen im Bewußtsein mitberücksichtigt, die mit den Menschen vor sich gegangen sind, seit es eine Weinkultur gibt. Diese Kultur wird schon in der ältesten menschlichen Urkunde bestätigt, die wir kennen: in der Genesis. Wie der Mensch auf dem Wege seiner späteren allmählichen leiblichen Degeneration vor Bakterien, Viren und vielerlei sonstigen Krankheiten zittert, so siecht auch sein Begleiter – der Weinstock – allmählich immer mehr dahin. Er hat manche Veränderungen durchgemacht; seine Existenz ist heute von Reblaus und anderen Schmarotzern derartig bedroht, daß seine Erhaltung überhaupt nur mit den giftigsten Mitteln ermöglicht wird.

Betrachten wir den Weinstock als Träger der begehrten Trauben botanisch, dann werden wir durch ihn auf eine Pflanzenfamilie verwiesen, innerhalb deren sehr starke Gegensätzlichkeiten zur Erscheinung gelangen. Wir finden Arten, die das Element des Flüssigen noch in auffallender Schwere bewahren, die Pflanzenformen entwickeln mit bauchigen, tonnenförmigen Stämmen, in denen das Wasser gespeichert wird. Wir finden auch ausgesprochene Sukkulenz wie bei den Kakteen, und dann den Gegenpol: Schling- und Windengewächse wie die Weinrebe selbst. In ihr erscheint das flüssige Element ganz der Schwere entrissen und völlig dem Sonnenhaften hingegeben zu sein. Bildete die vorangehende Pflanzenfamilie – die Kreuzdorngewächse – noch Steinfrüchte, so erscheinen bei dieser Familie – den Weinrebengewächsen oder Vitaceen – Beerenfrüchte, die statt der Verhärtung alle Lebendigkeit der Pflanze in sich vereinen.

Die Weinrebengewächse sind eine Pflanzenfamilie, die fast 600 Arten umfaßt. Sie steht der im System vorangehenden Familie der Kreuzdorngewächse sehr nahe. Der wesentliche Unterschied ist, daß sie fast nur Beerenfrüchte entwickelt, die reichliches Nährgewebe produzieren, das den kleinen Embryo einschließt. Die meisten Vitaceen sind Kletterpflanzen. Sie halten sich mit Hilfe von Ranken und entwickeln dabei überwiegend holzige Stämme, so daß sie unter den Begriff der Lianen fallen. Die Ranken sind Organe der Achse und entsprechen rein morphologisch den Blütenständen. Sie sind mehr oder weniger verzweigt. Der Botaniker rechnet sie zu den Fadenranken, d. h. zu einem Rankentyp, der weit entwickelt ist. Es werden Ranken gebildet, die ihre Stütze umwickeln, wie es die Weinrebe vollführt, und solche, die Haftscheiben entwickeln, wie unser «wilder Wein». Die Weinrebenranken offenbaren ihre Vitalität darin, daß sie, solange sie noch junge Pflanzen sind, kreisende Bewegungen (Nutationen) ausführen und weich und fast gerade sind. Dabei sind sie sogar «reizbar»: Sowie sie eine Stütze gefunden und gefaßt haben, rollen sie sich im unteren Teile ein und verholzen. Man könnte schon hier eine Parallele finden zur Wirkung des Weines auf den genießenden Menschen, der in die Philistrosität hineingeführt wird.

Die *Blattformen*, die diese Familie entwickelt, sind recht unterschiedlich: einfach, gelappt, geteilt, gefingert, fußförmig oder gefiedert. Die Blätter sind wechselständig.

Die *Blütenstände* sind gleichfalls vielgestaltig. Sie entwickeln sich zumeist gegenüber einem Laubblatte. Auch sie tragen oft eine Ranke. Die vier- bis fünfgliedrigen Blüten sind unansehnlich, weiß, grünlich oder gelblich und strahlig. Die Befruchtung vermitteln Insekten, doch sollen – vor allem bei Kulturformen – sowohl Wind- wie Selbstbestäubung vorkommen. Die Frucht ist meist eine saftige (ein- bis achtfächerige) Beere, deren Samen von oft steinharter Schale bedeckt sind. Sie enthalten hartes, ölreiches Nährgewebe, in das der gerade, kleine Keimling mit flach zusammengelegten Keimblättern eingeschlossen ist.

Die artenreiche Familie ist in den Tropen am stärksten verbreitet. Die wichtigste Gattung ist die *Weinrebe* oder *Vitis,* deren Arten zum überwiegenden Teil die wärmere, gemäßigte Zone Nordamerikas bewohnen. Einige kommen im östlichen Asien vor. Die hier interessierende Art – Vitis vinifera – ist in ihrer wilden Form im Mittelmeergebiet, im nördlichen Vorderasien über den Kaukasus und nach Nordpersien verbreitet. Sie findet sich auch im Donautal, in der Oberrheinischen Tiefebene, in

Mittel- und Ostfrankreich. Es handelt sich zumeist um holzige Kletterpflanzen mit längsfaseriger Borke.

Die *edle Weinrebe* – Vitis vinifera – wird auch Weinstock genannt. Sie soll die am meisten kultivierte Obstpflanze sein. Man baute sie weniger an, um ihre Früchte als direkte Genußmittel zu haben, sondern um aus ihnen den Wein weiter zu entwickeln. Der Weinstock als kletternde Pflanze erreicht Wuchshöhen bis zu 30 m und dringt mit dem Wurzelstock sehr tief in die Erde ein. Es gibt Angaben, die von über 100 m Wurzelstocklänge sprechen. Zahlreiche Seitenwurzeln entspringen der Wurzelachse, so daß das Profil einer solchen Weinrebenwurzel einer riesig vergrößerten Kornähre ähnelt, in der der Wurzelstock der Spindel entspricht. Der Rebenstamm ist holzig, knorrig und gewunden. Die üppigste Entfaltung erlebt die Rebe am Schwarzen Meer, im Kaukasus und auf der Krim, wo man Stämme von 1,5 m Umfang gemessen hat. Der Begriff «Weintraube» für die Blütenstände ist botanisch nicht ganz richtig. Genaugenommen sind es «Rispen». Den Blüten entströmt ein angenehmer Duft, der Plinius einst so begeistert hat, daß er behauptete, es gäbe keinen Duft in der Welt, der den Wohlduft der Weinrebenblüten übertönen könne. Die Früchte sind runde oder längliche Beeren von unterschiedlicher Größe und grüner bis dunkelblauer Farbe. Sie enthalten zumeist vier längliche Samen. Das Weinrebenlaub ist ebenfalls von unterschiedlicher Form und Teilung. Am Sproß unterscheidet man Langtriebe, auch «Lotten» genannt, und Kurztriebe oder «Geizen».

Die Langtriebe entwickeln abwechselnd stehende Laubblätter; d. h. es wechselt immer ein Sproß mit zwei Blättern mit einem solchen ab, der nur ein Blatt trägt. Jeder Sproß endet mit einer Ranke, die dann durch den Achselsproß des Blattes, der den Sproß fortsetzt, zur Seite gedrängt wird. Dadurch wird der Anschein erweckt, als stände die Ranke dem Blatte gegenüber. Die untersten Ranken tragen die Blütenstände. Die Langtriebe wachsen den ganzen Sommer über weiter. Ihre Stengel verdicken und verholzen. Die lange, faserige Borke löst sich bei der Verdickung in schmalen Streifen ab.

Die Kurztriebe haben anderen Ursprung. Sie entstehen aus «Beiknospen» der Blätter und zeigen nur ein Niederblatt. Zumeist sterben sie im Herbst ab. Aus der Achselknospe ihres Niederblattes entwickelt sich im folgenden Jahre der Langtrieb. Die Kurztriebe sind also durch Erzeugung der Knospe die Vorläufer der Langtriebe, die dann Blüten tragen. Auch die Kurztriebe tragen Blätter. Außer dem Niederblatt entfalten sich an ihnen kurzgestengelte, abwechselnd stehende Laubblätter. Aus der unterschiedlichen Art der beschriebenen Sprosse ergibt sich die Kunst des Beschneidens der Reben, die der Weinbauer pflegt.

In Deutschland kultiviert man die Reben an Stützen, in den Weinbergen an Pfählen oder Drähten, in Gärten an Latten oder Spalieren, in Gewächshäusern auch an Drähten. Schon von Tirol an südwärts ändert sich die Kulturform. Man pflegt die Reben in Lauben. Im Mittelmeergebiet findet man die Weinstöcke oft an Bäumen wie Maulbeeren oder Ulmen, ja man läßt sie sogar am Boden hinkriechen. Aus der Literatur wissen wir, daß im alten Rom bereits alle Kulturformen bekannt waren und auch die Beschneidekunst auf hoher Stufe stand.

Es wurde schon darauf hingewiesen, daß der Weinstock im Laufe seiner Kultur durch Schädlinge in Gefahr geriet, die seine Existenz immer fragwürdiger machten. Am bedeutendsten ist die bekannte und gefürchtete Reblaus, die auf den Wurzeln des Weinstockes lebt. Sie stammt aus Amerika, von wo sie 1863 nach Europa herüber kam. Sie hat in Frankreich und auf Madeira ungeheuren Schaden angerichtet; aber auch Deutschlands Rebkulturen sind immer wieder durch sie gefährdet. Der Weinbauer wehrt sich gegen sie durch Ausroden und Verbrennen der befallenen Stöcke sowie «Desinfektion» des Bodens. Durch Pfropfung auf bestimmte Arten sucht man den Weinstock widerstandsfähiger zu machen. Es gibt neben den tierischen Schädlingen noch die verschiedensten Pilzarten, welche die Existenz der Rebe bedrohen.

Als *Obst* spielt die Weinbeere heute genau wie schon in früheren Zeiten eine gewisse Rolle. Man fand entsprechende Spuren sogar in den Pfahlbauten der Bronzezeit in Italien und in der Schweiz. Während der Römerzeit schätzte man die Weintrauben sehr. Warburg schildert, daß man sie im Zimmer an Fäden aufhing, damit sie sich länger hielten. Man legte sie auch in süßen Wein oder räucherte sie. Plinius berichtet, daß Kaiser Tiberius solche geräucherten afrikanischen Trauben besonders liebte. Infolge der Treibhauskultur in neueren Zeiten erzeugt man vorwiegend in Frankreich, Belgien und England die größten und schwersten Trauben. Reichliche Düngung liefert Trauben von über 7 kg Gewicht. Wenn man im Wachstum zurückgebliebene Beeren entfernt, dann bekommt man Beeren bis zu Pflaumengröße. Die Küsten des südlichen Mittelmeeres bringen schöne Tafeltrauben als Frühobst in den Handel.

Algier und Tunis liefern schon Ende Juni oder Anfang Juli welche. Auch Palästina versorgt Europa mit solchen Frühtrauben.
Als Genuß- und Nahrungsmittel spielt im Orient das zu Mus eingekochte Fleisch der Trauben eine große Rolle. Der Araber nennt es «Dips». Ein anderer Name dafür ist «Traubenhonig». Auch Dauerkonserven stellt man daraus her. Dabei wird dem eingedickten Traubensaft Mehl zugesetzt. Die Masse wird dann zu dünnen Lagen in der Sonne ausgebreitet und so zu «Traubenkuchen» eingetrocknet.
Was bei uns als Rosinen oder Korinthen verkauft wird, sind getrocknete Weinbeeren. Die Handelsware besteht zumeist aus besonderen Rebsorten wie z. B. den Sultaninen aus der Gegend von Izmir, die aus großen hellen Trauben gewonnen werden, oder den Korinthen aus einer kleinen und dunklen Traubensorte, die aus Griechenland, besonders von den Ionischen Inseln stammen.
Der immens größte Teil der Weintrauben dient und diente wohl von jeher der Weinbereitung. Ihr verdankt die Weinrebe ihre Vormachtstellung unter den Obstbäumen. Es ist nun müßig, in die Diskussion über den Ursprung der Kultur des Weinstockes einzutreten. Es wird angenommen, daß die Weinbereitung aus Vorderasien stammt; doch ist es keineswegs sicher, welches Volk die Weinkultur eingeführt hat. Der Weinstock ist aber neben den Getreidearten und dem Lein eine der ältesten Kulturgewächse. Warburg glaubt, durch Namenethymologie in den Mittelmeergebieten die Spur auf semitische Sprachen zurückführen zu können, doch läßt er durchaus offen, daß die Semiten die Weinkultur auch von hethitischen, arischen oder turanischen Völkern übernommen haben können.
Das alte Ägypten pflegte die Weinkultur schon in frühesten Zeiten. Es gibt Bilddarstellungen der Weinstockkultur, der Traubenernte und der Weinbereitung in den Bauten der 5. Dynastie in Ägypten, d. h. aus der Zeit um 2400 v. Chr.
Wenn in der Genesis schon von Noah als Weinbauer gesprochen wird, und daß Melchisedek dem Abraham Wein schenkte, dann nähern wir uns den alten Mysterienquellen, von denen die Weinkultur ausgegangen ist. Darüber wird später noch einiges im Zusammenhang mit Dionysos berichtet. Der Wein wird in der Bibel in dem Segen des Isaak sowie in der Weissagung Jakobs erwähnt. Im Alten Testament wird Palästina als gutes Weinland gekennzeichnet. Die Kundschafter des Moses, die er

vorausschickte, nachdem er Ägypten verlassen hatte, brachten ihm vom Bache Escol große Trauben als Symbol der großen Fruchtbarkeit des Landes.

In Vorderasien hat man an vielen Stellen alte Weinkeltern im Felsen wohl erhalten gefunden. Sie stellten flache, in den Felsen gehauene Wannen dar, unter denen eine vertiefte Kufe zum Auffangen des in die Wanne ausgeflossenen Traubensaftes war.

Der Weinbau war in Griechenland und Kleinasien zur Zeit Homers nichts Besonderes mehr. In der Odyssee tranken sogar die Knechte den Wein aus Bechern, und der Schweinehirt Eumaios bewirtete Odysseus auf Ithaka mit Wein. Man erinnere sich auch, wie Helena, die Tochter des Zeus-Kronion, den tafelnden Gästen wegen der allgemeinen Trauer um Odysseus beim Besuch des Telemachos ein Mittel in den Wein tat, um ihre Tränen zum Versiegen zu bringen. In großen irdenen Krügen, die noch heute bekannt und erhalten sind, wurde der Wein in Griechenland aufbewahrt. Während die Phönizier den Weinbau wohl nach Nordafrika eingeführt haben, verpflanzten die Griechen die Reben in das Reich der Lateiner. Im späteren Rom war Italien das bedeutendste Weinland. Dort entwickelte sich dann in der Kaiserzeit ein ungeheurer Mißbrauch des Weines, der wesentlich die Dekadenz Roms förderte.

Schon in alten Zeiten verstand man sich auf die verschiedensten Methoden, den Wein haltbar zu machen. Man räucherte ihn, harzte ihn und kochte ihn auf. Man vermischte ihn mit Meerwasser oder setzte ihm Gips, Kalk, Marmor, Ton oder Kräuter zu. Daher stammte die Klage des Plinius über das Verfälschen des Weines. Daß mehrjähriges Lagern den Wein verbesserte, war bekannt. Alte Jahrgänge waren daher sehr geschätzt. Es wird erzählt, daß Kaiser Caligula im Jahre 40 n. Chr. Weine trank aus dem Jahre 121 v. Chr.

Mit den Römerzügen nach Gallien und Germanien verbreitete sich der Weinstock auch in nördlichere Regionen; denn um 72 v. Chr., zur Zeit Varros, war den Galliern der Weinbau noch unbekannt; aber schon Plinius erwähnt den Wein der Bituriger (d. h. aus Bordeaux). Der Weinbau am Rhein und in Ungarn soll durch Kaiser Probus dorthin gebracht worden sein. Durch die spätere Völkerwanderung gingen diese Rebkulturen nicht zugrunde. Karl der Große förderte den Weinbau dann in seinem Reiche immer mehr. So drang er vor über Thüringen nach der Altmark und Brandenburg, sogar nach Pommern und Ostpreußen bis

Tilsit. Durch den kalten Winter und den Import besserer Weine ging der Weinbau im Norden wieder zurück. Einzelne Gegenden Mitteldeutschlands haben ihn bis in die Gegenwart bewahrt: so z. B. Grünberg in Niederschlesien, Naumburg, Meißen. Diese Gegenden lieferten allerdings recht saure und minderwertige Weine. Im Gegensatz dazu erreichte der Weinbau in Frankreich und Südwestdeutschland eine hohe Blüte. Bekannt sind die Trauben von Bordeaux, Burgund, der Champagne sowie die vom Rhein und von der Mosel. Nicht zu vergessen sind die ungarischen Weine, z. B. Tokaier-Wein. Auch in Nord- und Südamerika, Nord- und Südafrika wie in Australien hat sich der Weinbau verbreitet.

Die *Weinbereitung* ist von Anfang der Weinkultur ab bis heute immer noch annähernd die gleiche: die Beeren werden in einer Weinpresse (Kelter) ausgepreßt und der Saft aufgefangen. Der abgepreßte Traubensaft (Most) enthält je nach Jahrgang und Weinsorte 12–30 % Zucker, daneben etwas Weinsäure und andere Substanzen. Die gepreßten Rückstände, die man Trester nennt, werden nochmals ausgepreßt. Sie liefern den weniger guten Tresterwein. Der Most wird in Kufen an einem kühlen Orte vergoren. Diese Gärung wird durch Hefepilze vollzogen, die durch den ihnen eigenen Stoffwechsel den Zucker des Traubensaftes vorwiegend in Kohlensäure und Alkohol umwandeln. Es dauert einige Wochen, bis die stürmische Gärung vorüber ist. Die Hefepilze, die von Natur aus auf den Trauben sind und sich durch die Gärungsvorgänge gewaltig vermehren, sinken dann zu Boden. Dieser junge Wein heißt «Federweißer». Er hat schon berauschende Eigenschaften, ist aber noch nicht haltbar. Er wird auf größere Gefäße gefüllt. Unter Luftabschluß und bei niedriger Temperatur macht er noch eine Nachgärung durch. Hierbei wird der Zucker zum allergrößten Teil umgewandelt. Wieder schlägt sich die diesen Vorgang bewirkende Hefe nieder. Auch Weinstein setzt sich ab. Ist die Nachgärung vorüber, dann füllt man den Wein in kleinere ausgeschwefelte Fässer oder auch gleich in Flaschen. In diesen neuen «Hüllen» entwickelt der Wein den Duft, den die Weintrinker schätzen und als Bukett bezeichnen. Während der Lagerung nimmt ein richtig gelagerter Wein an Güte im Laufe einiger Jahre zu und dann langsam wieder ab. Angeblich hundertjährige Weine werden zumeist nur dadurch dauernd gut erhalten, daß man immer wieder sogenannten «edlen Wein» nachfüllt. Daß diese Bereitungen und Pflege der Weine, das Manipulieren mit dem Chemismus und der Lebenskraft der Weintraube eine Kunst ist, wird man leicht einsehen. Wird nicht genügende Sorgfalt und Sachkenntnis angewandt, dann entstehen sogenannte «Weinkrankheiten». Der Wein wird fade, schleimig, bitter, trübe und überzieht sich mit einer sogenannten «Kahmhaut». Er kann Faßgeschmack annehmen, nach Dünger, faulen Eiern und anderen Substanzen schmecken. Sind lebende Organismen Ursache dieser Veränderungen, dann wird er pasteurisiert, d. h. auf 60° C erwärmt.

Wie den Konsumenten am Tabak das Nikotin interessiert und reizt, so der Alkohol am Wein. Der Alkoholgehalt der Weine schwankt zwischen 5 und 15 %, insofern es sich um den durch die direkte Gärung produzierten Alkohol handelt. Bei einem Alkoholgehalt von 12–15 % stockt die Gärung, die Hefepilze gehen zugrunde. Den höheren Alkoholgehalt besonders der Südweine (15–24 %) erreicht man durch Alkoholzufügung nach der Gärung. Dadurch bleibt auch oft die Süße mancher Weine, weil unter so hoher Alkoholkonzentration keine lebenden Hefepilze vorhanden sind, um eine Gärung fortzusetzen. Etwas Zucker enthalten wohl alle Weine, die nicht gerade aus Grünberg stammen. Bei Schaumweinen, Champagner und ähnlichen Sorten erreicht man die Entwicklung der Kohlensäure in den Flaschen durch eine Nachgärung, indem man etwas Sirup nachträglich zusetzt. «Trockene» Schaumweine sind solche, die zuckerarm sind.

Man könnte sich mit Recht die Frage stellen, warum gerade der Weinstock bzw. die Weintraube eine so bedeutende Rolle bei der Herstellung von Alkohol gespielt hat, nachdem man heute doch weiß, daß aus den verschiedensten Pflanzen Alkohol hergestellt werden kann. Dieses Können ist aber wohl erstmalig an der Traube entwickelt worden, weil sie alle Voraussetzungen mitbringt, die bei anderen Früchten erst bereitet werden müssen. Aus den Erfahrungen an dieser Pflanze sind die Möglichkeiten erkannt und entstanden, auch andere Pflanzen in den chemischen Prozeß der Alkoholbereitung einzubeziehen. So wurde z. B. die Gerste schon sehr früh zur Alkoholbereitung verwendet.

Ohne daß die Pflanze im allgemeinen im Zusammenwirken der Licht-, Luft- und Wärmekräfte des Umkreises und der Wasser-Erdkräfte aus dem Untergrunde die Voraussetzungen zur Bildung von Stärke und Zucker lieferte, gäbe es keine Möglichkeit, Alkohol herzustellen. In unserem Brotgetreide werden Früchte gebildet, die nur zur Stärkebil-

dung gelangen. Daraus bereitet sich der Mensch in seinen Verdauungsvorgängen den Zucker selber, den sein Organismus braucht. In alledem, was uns dagegen als Obst bekannt ist, geht der Pflanzenprozeß weiter als im Getreide. Da wird in der Sonnenwärme und Reifung regelrecht Zucker gebildet, den wir uns dann als Fruchtzucker in den Früchten direkt zuführen. Dies gilt für die Traube auch. Nur hat sie als wohl einzige Ausnahme unter den Früchten die Eigenart, daß sie die Samentriebkräfte (s. S. 107) auch in das Fruchtfleisch lenkt. Diese Vitalkräfte liefern der Alkoholbereitung wesentliche günstige Voraussetzungen. Entscheidend sind dann die auf der Traube lebenden Hefepilze, welche die Gärung einleiten und die Alkoholentstehung gewährleisten. Im Getreidekorn haben wir immer noch starke Erdenkräfte hoch am Halme in den Ähren wirken. Durch Wurzel und Halm strömen sie nach oben und vereinen sich mit den Sonnenkräften in der Kornbereitung. Viel stärker wirken in der Weintraube diese Sonnenkräfte bis tief in den Weinstock hinein und schaffen aus Licht und Wärme des Umkreises die begehrte Frucht, die von viel Leben und Samentriebkräften durchwirkte Traube. In diesen beiden Tatsachen liegt die tiefe Bedeutung von Brot und Wein auch im religiösen Kultus.
Kosmische Sonnenkräfte schaffen eine gesunde und heilende, durchzukkerte Frucht. Pflanzenkräfte einer weit zurückliegenden Evolutionsstufe – eben die der Hefepilze – bilden dann das Werk der Sonnenreifung, bilden den Traubenzucker durch die Gärung um in einen Stoff, der von geistiger Substanz stark durchwirkt erscheint, aber nicht mehr kosmisierend, sondern irdisch verhärtend wirkt.

Ein gut bereiteter und pfleglich aufbewahrter Wein ist an sich haltbar, doch werden auch mancherlei Mittel angewendet, um Weine haltbarer zu machen. Die östlichen Mittelmeerländer verwenden Harz und Mastix dazu, man räuchert den Wein in Ziegenfellen, sogenannten Weinschläuchen, deren Haarbesatz dabei auf der Innenseite sitzt.
Mancherlei Mittel werden verwendet, um den Wein zu «verbessern». In Ländern, die eine strenge Weingesetzgebung haben wie Deutschland und die Schweiz, sind die Wege der Weinverfälschung sehr eingeschränkt; doch ist es vielleicht von Interesse, auch darüber einiges zu erfahren, zumal die Presse immer wieder von großen Prozessen gegen Weinfälscher zu berichten weiß. Der übliche Weg, Wein zu verbessern,

ist der der Mischung mit anderen Weinen. Man nennt das «Verschneiden». Die alkoholärmeren, säurereicheren deutschen Weine werden meistens mit alkoholreicheren, säureärmeren Weinen der Mittelmeerländer verschnitten. Oft wird die Säure auch nur durch Zucker oder Glycerin ausgeglichen. Zum gleichen Zwecke verwendet man auch Kalk, Gips oder weinsaures Kali. Diese Mittel sollen angeblich unschädlich sein. Man kann den Wein auch durch rein physikalische Methoden verändern. Man erzeugt durch Ausfrieren und Zentrifugieren des dann entstandenen Eises eine größere Konzentration des Weines, der dadurch alkoholreicher und kräftiger wird. Man nennt das «Glacieren». Das «Schönen» eines trüben Weines erfolgt durch Eiweiß, das ihn «klärt». Das Bukett eines Weines wird auch zuweilen künstlich verbessert oder gar erzeugt, indem ein Bukettöl zugesetzt wird. Auch Weinblüten (s. oben Plinius), Hollunder- und andere Blüten finden dazu Verwendung. Um einem Wein eine dunklere Färbung zu geben, werden rote Farbstoffe zugesetzt. Die oben erwähnten Trester läßt man auch mit Zuckerwasser nochmals vergären und bereitet dadurch Wein. Den Höhepunkt der Weinpanscherei erreicht man durch jene Methoden, Weine auf rein chemischem Wege zu erzeugen, ohne daß überhaupt eine Weintraube dabei Pate gestanden hat. Derartige Möglichkeiten sind die selbstverständlichen Folgen der Unsitte, Naturprodukte chemisch zu «manipulieren». Denn wie schon angedeutet wurde, war der Wein auf dem Evolutionswege der Menschheit der erste Stoff, der durch Menschenhand zustande kam, als man bestimmte chemische Vorgänge beherrschen lernte.
Der Traubensaft ist immer farblos. Ein Rotwein kommt nur dadurch zustande, daß der Farbstoff der blauen Beerenhäute mit ausgezogen wird, indem man die Häute einfach mitgären läßt. Grünbeerige Trauben liefern immer helle Weine, niemals Rotweine. Dagegen kann man aus blaubeerigen Trauben auch helle Weine herstellen, wenn man die blauen Häute der Beeren nicht mitgären läßt.
Auf die einzelnen Weinarten hier weiter einzugehen, liegt keine Veranlassung vor. Daß sie sehr unterschiedlich sein können, ist bekannt. Nur kurz soll auf die Rückstände hingewiesen werden, die im Laufe der Weinbereitung entstehen. Die Preßrückstände, die man Trester oder Treber nennt, bestehen aus Stielen, Schalen und Kernen der Trauben. Man verwendet sie als Viehfutter und als Düngemittel. Es wird daraus auch etwas Weinstein, Pottasche und ein gutes Öl gewonnen. Unterwirft

Weinreben im Frühling

Weinstock (Vitis vinifera, L.)

Blütenstände des Hanfs (Cannabis sativa, L.) Foto Stober

man sie einem Verkohlungsprozeß und pulverisiert sie, so konnte man aus diesem Produkt – genau wie aus dem Rebholz – einen als Druckerschwärze brauchbaren Farbstoff gewinnen. In den Weinfässern lagert sich als weiße oder rote Kruste Weinstein ab. Er besteht chemisch aus weinsaurem Kali und wird in der Technik verwendet. Aus ihm wird der reine kristallinische Weinstein dargestellt. Roher Weinstein ist auch die Ausgangssubstanz zur Gewinnung von Weinsäure und den in der Medizin benutzten Weinsteinrahm oder Kremortartari.

Kognak, Weingeist (Spiritus vini) und Alkohol werden durch Destillation des Weines gewonnen. Ebenso wird aus dem Wein, wiederum durch ein Kleinlebewesen, das Essigbakterium (Bacterium aceticum), der Weinessig gewonnen.

Es erscheint notwendig, auch auf die Gifte hinzuweisen, die dem Wein, der als Alkohol selber ein Gift ist, von der Wurzel bis zur Traube und von der Traube bis zum Wein so aufhelfen, daß er dem Konsumenten heute noch als «edles Getränk» begegnen kann. Wenn in Deutschland und in der Schweiz auch eine relativ strenge Gesetzgebung die Anwendung mancher Gifte untersagt, so müßte der Konsument doch wissen, daß die ausländischen Weine weniger vor diesen Giftküchen bewahrt sind. Sie können dem Trinker Gifte vermitteln, die weder in der Marke zum Ausdruck kommen noch im Kaufpreis besonders berücksichtigt sind.

Die erwähnte Desinfektion des Bodens, welche die Reblaus bekämpfen soll, erfolgte meist durch Petroleum und Schwefelkohlenstoff. Daß diese Substanz ein schweres Gift ist, dürfte allbekannt sein. Die Heu- und Sauerwürmer werden durch Bespritzen der Trauben mit Nikotinseifenlösung vernichtet. Feinstes Schwefelpulver wird über den Weinstock verstäubt, um der Schwarzfäule und dem echten Mehltau vorzubeugen. Kupfervitriol und Kalk werden gespritzt gegen falschen Mehltau. Dem Konsumenten ist zumeist nicht bekannt, daß man in Analysen Kupfermengen in Mosten und Weinen festgestellt hat, die von dem Bespritzen mit Kupferkalk und Kupfersodabrühen herrührten. Das ist eine kleine Auswahl von Giften, die noch am Stock und Weinberg angewendet werden. Es gibt noch modernere Giftmittel. – Nach der Ernte beginnen die schon dargestellten Vorgänge mit den Trauben, die weiterhin mit chemischen Substanzen «umsorgt» werden.

Was vorgeht, wenn man die Traube nicht als Frucht genießt, sondern chemischen Umwandlungsvorgängen übergibt, sollte man sich auch einmal klarmachen.

Die gesunde, nicht begiftete Traube gehörte zu den basenreichsten und vitaminhaltigsten Früchten, durch deren Genuß schon eine natürliche «Blutreinigung» möglich war. Die Vorgänge der Weinbereitung vernichten natürlich alle heilsamen Kräfte. Die Gärung vernichtet bis auf einen Rest von 10 % die Zuckerstoffe und setzt sie um in Alkohol und Kohlensäure. Es werden noch weitere höhere Alkohole und Säuren gebildet. Bernsteinsäure, Milchsäure, Essigsäure, Glycerin und das sogenannte Weinfuselöl bilden sich neben verschiedenen anderen Stoffen.

Nach der Traubenpresse und der Saftabpressung aus der Maische setzt die Gärung ein, der man oft genug mit Reinhefe nachhilft. Die Verbesserung des Weines in der Kellerbehandlung sieht im Bedarfsfalle manche Möglichkeiten vor. Hat er zuwenig Süße und zuviel Säure, so setzt man ihm den mangelnden Zucker zu. Calciumkarbonat stumpft den Säureüberschuß ab. Neuere Methoden, die nicht im einzelnen erwähnt werden können, wie die Behandlung mit synthetischen Austauschharzen, führen dazu, daß die Säure des Weines insgesamt, auch die der Apfel-, Wein- und schwefligen Säure abnehmen. Der Wein hat sich dadurch natürlich verändert. Er hat angeblich einen angenehmeren Geschmack bekommen.

Das erwähnte Klären und Schönen des Weines erfolgt durch Filtervorgänge mittels Asbest oder Zellulose. Als Schönungsmittel dienen Hausenblasen, Gelatine, Eiweiß, Kasein, Knochenkohle und Kieselgur. Hausenblasen sind die inneren Häute der Schwimmblasen von Fischen wie vom Stör oder Wels. – In der Farbe feuriger wird der Wein durch Gipsen und Phosphatisieren. C. Lenzner berichtet, daß man in den Mittelmeerländern der Rotweinmaische zur Vermehrung der freien Weinsäure und um tiefrote, feurige Farben zu erzielen «je Hektoliter 150 bis 300 g Gips oder 150–250 g sekundäres Calciumphosphat» zusetzt. Während diese Verfahren in Deutschland und in der Schweiz verboten sind, dürfen sie in Frankreich, Griechenland und Spanien angewendet werden. Aber derartig behandelte Weine führen beide Länder ohne Skrupel dauernd ein. Es könnte noch eine Fülle von Maßnahmen am Weine erwähnt werden, doch mögen die vorgebrachten Proben als Beispiele für die «Naturreine» des Weines und des Traubensaftes genügen.

Zugleich sind sie eine Charakterisierung dafür, wie der Wein überhaupt ein Produkt chemisierenden Umgehens mit einer Frucht ist. In der Menschheitsgeschichte war es der erste derartige Vorgang, dem dann in späteren Zeiten viele andere folgten bis zur künstlichen Bereitung von Nahrungsstoffen in der Gegenwart. Die vielen chemischen Zusatzpraktiken bei der Weinbereitung sind aber für den aufmerksamen Beobachter die dringendsten Mahnzeichen dafür, daß die Zeit des Weines und des Alkoholes seit langem vorüber ist. Was sie im Übermaß konserviert, sind menschenfeindliche Vergangenheitskräfte, die dem Menschen den weiteren Weg zunehmend erschweren werden.

Die äußeren Tatsachen um den Weinstock, seine Geschichte, die Weinkultur und ihre künstliche Erhaltung mußten ausführlicher dargestellt werden, ehe der Versuch gemacht wird, in die mythologischen und auch geisteswissenschaftlich erfaßbaren Hintergründe etwas einzutauchen. Sie können vielleicht enthüllen, welche Bedeutung der Weinstock, der Wein und der Alkohol für die Evolution der Menschheit gehabt hat. Vielleicht gelingt es, den weitverzweigten und immer wieder abgewandelten Mythos um den Gott des Weines und den Weinspender so darzustellen, daß eine Brücke geschaffen wird für ein Verständnis dessen, was die Geisteswissenschaft aus der Menschen- und Evolutionskunde durch Rudolf Steiner zu dem Problem Alkohol und seiner Aufgabe zu sagen hat. Dieses Problem ist nicht nur heute in der äußeren Medizin, in Soziologie und Pädagogik ein weitverzweigtes. Es war es schon, als die Griechen in ihren Mythen um Dionysos die vielfältigsten Aspekte dieses Menschenwandlers zum Ausdruck brachten, nachdem sie seinen heftigen Einbruch in ihre alte Geisteswelt erlebt hatten. Wir folgen hier in vielem den schönen Dichtungen des Nonnos, der uns in seinen «Dionysiaka» manche Einblicke in das Wirken des Weingottes und seiner ihm geheiligten Pflanze vermittelt.

Es wird berichtet, wie Zeus den Entschluß faßte, mit einem Erdenweibe – der Kadmos-Tochter Semele – den Dionysos zu zeugen, nachdem Kadmos vorher das traurige Erdenschicksal der Menschen beklagt hatte. Ihnen wollte Zeus den Dionysos und den Weinstock zum Troste und zur Aufrichtung in ihrer Trübsal schicken. Die Dichtung führt uns in eine frühere Erdzeit der Evolution. Kämpfe der unteren gegen die oberen Götter, gegen die niederen Geistwesen der Elemente und der Natur verbunden mit Kämpfen der Menschen werden dargestellt. Jener Lichtbringer Dionysos hatte bereits einen Vorgänger gehabt. Es war Dionysos Zagräus, auch Dionysos der Ältere genannt, der von Typhon zerrissen wurde. Nur sein Herz konnte Göttin Athene vor dem rasenden Titanen retten und es dem Zeus bringen, der es «in seinem Schenkel» bewahrte. Dionysos Zagräus war der Sohn der Demetertochter Persephone, die ihn von Zeus empfing. Auch um den jüngeren Dionysos entstanden sofort wieder die heftigsten Widerstände aus der Götterwelt. Schon seine Geburt erfolgte zu früh, so daß wiederum Zeus ihn in seinem Schenkel bergen mußte, bis es an der Zeit war. Dann brachte Hermes ihn zu der zweiten Kadmostochter Ino. Immer mußte er beschützt werden vor dem Neid und den Nachstellungen der Göttin Hera, die allen jenen Unglück brachte, welche den jungen Dionysos beschützten. Schließlich wurde er von der Göttin Rheia nach Lydien gerettet. Bei ihr und unter ihrem Schutze wuchs er heran und erblühte als schöner Jüngling, der seine Liebe dem jungen Satyr Ampelos schenkte, mit dem er sich in Wettkämpfen vergnügte. – Ampelos wird eines Tages durch einen Stier getötet. Untröstlich ist der Schmerz des Dionysos. Ihn zu trösten, wird Ampelos durch Zeus in den Weinstock verwandelt. Gleichzeitig erfindet Zeus die Weinbereitung und den Wein, der dann auch den Chor der Satyren berauschte.

In mehreren Gesängen wird der wechselreiche Zug des Dionysos gegen den Osten, vor allem gegen Indien beschrieben, wie sich die Völker gegen das wehrten, was Dionysos und der Wein ihnen brachten und in ihnen bewirkten. Sie wollten ihren alten Göttern treu bleiben. Auf beiden Seiten kämpften Götter und Wesen der elementaren Welten mit. Schließlich wurden die Inder nach sieben Jahren besiegt. Das Ganze ist in das Bewußtsein der Nachwelt eingegangen in der Vorstellung, daß Dionysos dem Osten Ackerbau, Bienenzucht, Weinbau und Wissenschaft gebracht habe. In Arabien fand er so erbitterten Widerstand, daß er zeitweise fliehen mußte und im Roten Meere untertauchte. Das war später auch das Land, das im Mohammedanismus den Genuß von Alkohol verbot und ihm den Kaffee entgegensetzte.

Die ganzen Züge des schillernden Weingottes durch Völker und Länder sind letzten Endes gekennzeichnet durch die Tatsache, daß jede Abwehr und jedes Verschließen gegen Dionysos nicht geduldet wurde. Die Götter selber waren zum größten Teil auf seiner Seite. Die Verehrung dieses jungen Gottes und des Weines wurden in Kultstätten fixiert. Manche alten Mysterien- und Priesterströmungen konnten es nicht begreifen, daß Apollo stillschweigend den Triumph des Weingottes duldete und damit alle frommen Bande, welche die Menschen an ihre alten Götter und Mysterien knüpften, verleugnete. Dabei ist wichtig zu wissen, daß auf dem Parnassos bei Delphi Apollo und Dionysos gemeinsam verehrt wurden.

Alle Mythen um Dionysos und den Wein bringen zum Ausdruck, wie durch beide die frühere harmonische Seelenhaltung der Menschen eine auffallende Wandlung erfahren hatte. Die Seelen, die aus Treue zur alten Götterwelt sich gegen Dionysos wehrten, finden sich plötzlich verlassen von den harmonisierenden Kräften, denen sie früher gehorcht hatten. Sie werden in Tiere verwandelt. Das kommt nicht am wenigsten zum Ausdruck in jenem Bericht, nach dem Dionysos, als vornehmer Jüngling verkleidet, an der Meeresküste von Seeräubern in ihr Boot aufgenommen wird, obgleich der Steuermann den Kapitän warnt. Die Piraten glauben – hoch erfreut – in dem vornehmen Jüngling einen Königssohn gefangen zu haben, der hohes Lösegeld eintragen soll. Alle Ereignisse, die dann eintreten, widersprechen aber ihren Hoffnungen. Die Fesseln, die sie dem Jüngling anlegen, fallen von selbst wieder ab. Lächelnd sieht der glutäugige Gott ihrem Beginnen zu. Nur der Steuermann erkennt ihn als einen Gott. Doch Kapitän und Mannschaft sind verblendet und hören nicht auf seine Warnungen. Dann rieselt überall Wein über das Schiff, und wundersamer Wohlgeruch erfüllt die Luft. Ein Weinstock, an dem üppige Trauben hängen, wächst aus dem Mast. Um den Mast windet sich Efeu. Der Jüngling verwandelt sich in einen Löwen, der gewaltig brüllend die Mannschaft in Angst und Schrecken versetzt. Ein Bär steht plötzlich aufrecht drohend mitten unter ihnen. Alle fliehen zum Steuermann hin, der als einziger wach dem entgegengesehen hatte, was jetzt geschieht. In Todesangst stürzen sich die Piraten vom Schiff in das Meer und werden in Delphine verwandelt, die von jetzt an das Schiff umkreisen. Nur den Steuermann bewahrt der Gott des Weines vor gleichem Schicksal. Seinen nüchternen Sinnen enthüllt sich der Gott als das, was er ist.

Auch diejenigen, die durch Dionysos und den Wein dem Zwang folgten, waren nicht gefeit davor, daß ihre Seelenkräfte, die ja alles Tierhafte in sich bergen, in Disharmonie gerieten und dem einen oder anderen

«Tiere» in der menschlichen Seele zum Durchbruch verhalfen. Menschsein heißt, die Fülle dieser Kräfte vom Ich her in Harmonie halten zu lernen, nachdem diese Harmonie nicht mehr durch die Götter gewährleistet ist. Das bunte Gefolge des Dionysos wird mit Tierfellen bekleidet dargestellt oder begleitet von verschiedenen Tieren, unter denen die Schlangen – als Symbole des Seelisch-Astralischen – eine große Rolle spielen. Man erkennt, wie diese Grundkräfte das Gefolge des Dionysos locker umspielen. In dieser verwirrenden Welt ist als einzige Stütze und Senkrechte für den Menschen immer der Thyrsosstab dargestellt, an dem der Mensch sich hält und mit dem er sich verteidigt. Dieser Stab wird vielfach recht äußerlich etwa als «verborgene Lanze» gedeutet. Er ist in Wirklichkeit das Bild des «Ich» bis in alle seine Funktionen hinein, die es auszuführen hat, denn nie wird mit dem Stabe geschlagen, sondern stets nur berührt. Man liest, es sei ein «Narthex«-Stab, d. h. der Schaft einer asiatischen Staude, die zu den Doldenblütlern gehört. Ihr Schaft erreicht Längen bis zu 5 m, verholzt leicht und wird zur Herstellung der verschiedensten Gegenstände verwendet, daher auch der Name «Stecken- oder Rutenkraut» dafür. Schaut man sich ein solches Gebilde auf den alten griechischen Vasen genau an, dann findet man, daß es keineswegs wie ein Narthexschaft endet. Immer endet es wie die oberste Sproßknospe des Efeus. Wenn diese Pflanze wissenschaftlichbotanisch auch sehr eng mit den Doldenblütlern verwandt ist, so bedeutet die Verwandtschaft hier sicher nur sehr wenig. So wie der Thyrsosstab an seiner Spitze abgebildet wird, so sproßt in Wirklichkeit der Efeu. Die Sproßspitze ist immer eine Anhäufung von kleinen, jungen Efeublättern. Wollte man die beiden Pflanzen – Efeu und Weinrebe –, die fast überall um Dionysos miteinander abgebildet werden, im Sinne der Mythen deuten, dann muß beachtet werden, daß Dionysos anfänglich nur mit dem Efeulaub auftrat und erst später auch mit dem Weinlaub. Fraglos könnte man auch an Hand dieser beiden Pflanzen das Wesen des Dionysos-Impulses verdeutlichen, doch würde das im Rahmen vorliegenden Themas zu weit führen.

Stellt man sich die Frage nach der Wirkung des Weines oder des Alkohols auf den Menschen, so wird einem sehr bald klar, daß ein Unterschied zu machen ist zwischen der Wirkung auf den Einzelmenschen und auf die Menschheit als Ganzes. Natürlich führte die Wirkung auf den

Einzelmenschen zu jener auf die Gesamtmenschheit, die beide Bewußtseinsänderungen erfuhren. Wiederum darf man nicht vergessen, daß das Menschenwesen zu Anfang der Weinkultur anders geartet war als heute, zu einer Zeit, wo der Alkohol seine Wirkung an der Menschheit vollzogen hat und wo Wein und Alkohol ihren Sinn und ihre Aufgabe verloren haben. In früheren Zeiten war der Mensch noch in einem mythischen Bewußtsein, das ihn nicht nur Innen- und Außenwelt, Geisteswelt und physische Welt gemeinsam in Bildern erleben, sondern ihn auch in diesen Bildern die geistigen Wesen, die Götter, real erleben ließ. Dadurch war er noch ein Glied, ein gehorsames Glied dieser geistigen Erlebniswelt, die sein Tun bestimmte. Er ruhte im Schoße der Gottheit. Das wurde durch die Weinkultur anders. Diese Tatsache ist auch in der Schilderung der Genesis leise angedeutet. Da wird in wenigen Zügen gezeigt, wie der Wein (I. Mosis 9–20) auf den frommen Noah und seine Umgebung wirkte.

Noah, heißt es, ward nach der großen Flut, aus der er die Seinen gen Osten geführt hatte, «ein Ackermann und pflegte Weinberge». «Und da er des Weines trank, ward er trunken und lag in der Hütte aufgedeckt. Da nun *Ham* – Kanaans Vater – sah seines Vaters Blöße, sagte er's seinen Brüdern draußen. Da nahmen Sem und Japhet ein Kleid und legten es auf ihrer beider Schultern und gingen rücklings hinzu und deckten ihres Vaters Blöße zu; und ihr Angesicht war abgewandt, daß sie ihres Vaters Blöße nicht sahen.» Noah aber verfluchte später die Nachkommen des Ham.

Hier hatte der Wein – das deutet diese kurze Schilderung an – das alte Stammesbewußtsein betäubt und dem Sohne Ham in nüchterner Betrachtung die Scheu und Scham genommen, die Sem und Japhet nicht vergaßen. Scheu und Scham ließen sie zu dem Handeln kommen, das sie dem Vater schuldig waren. Das «Nur-Betrachten» macht unkeusch und schamlos.

Auch die Griechen stellten die Weinwirkungen in ihren Mythen dar, wenn sie einmal von dem «zerstückelten Dionysos» sprachen. Was einst gemeinsames, umfassendes menschenhaftes, ichhaft-seelisches Geistbewußtsein war, wird zerstückelt in die einzelnen intelligenten Menschen-Egoismen, die sich dann gegenüberstehen und nun nicht mehr von einem gemeinsamen, göttergelenkten Bewußtsein erfüllt und bestimmt werden. Sie müssen vielmehr ihren individuellen Eigenweg gehen lernen. Dieser Eigenweg ist reiner Erdenweg, der zeitweise abtrennt vom Kosmos. Das bilderfüllte, kosmische Bewußtsein wandelte sich in ein intellektuelles Individualbewußtsein mit diskursivem, differenziertem Denken, das nur noch das Verhältnis des Menschen-Ego zur Außenwelt nach rationellen Gesichtspunkten zu regeln vermag. Damit ist der Mensch isoliert von seinem eigentlichen Ursprung, und er fühlt sich auch isoliert. Er fühlt sich verlassen. Er fühlt sich mehr oder weniger ständig als Irrender und greift wieder zum Wein, der ihn dann in eine «gleichgesinnte» Gemeinschaft führt. Das ist das Merkwürdige am Wein – im Gegensatz zum Tabak –, daß er zwar das alte gemeinsame Bewußtsein zerstört, aber immer wieder zu gemeinsamem Tun, d. h. zum Trinken hinführt. Der stille Suff ist nur der letzte pathologische Endzustand der Sucht nach dem Alkohol.

Die Weinkultur ging von den alten Mysterien aus, die aus der geistigen Welt heraus diese Entwicklungsimpulse mit der Rebe bewußt in die Menschheit lenkten, um das umfassendere, aber dumpfere Seelenleben zum wacheren, bewußten «Ich-bin»-Erleben zu leiten, das immer durch die Vereinzelung hindurchgeht. Wenn auch der Dionysoskult darin bestehen mochte, das Zusammenleben der Menschen in einem äußeren Rausche zu pflegen, so wurde dort in den Mysterien, z. B. in den Dionysien, die andere Weinwirkung auch gepflegt: der Wille zur Gemeinsamkeit, der ein gezügeltes, beherrschtes Verhalten trotz der Weinwirkung voraussetzte. Daß diese Gemeinschaftspflege eine andere war als die der früheren Blutsgemeinschaft und Blutsgemeinsamkeit, die der Wein eben auslöschte, ist ohne weiteres einzusehen. Wie pflegte man diesen «Ich-Drang», der trotz aller intellektuellen Vereinzelung im Menschenwillen auftrat? Durch *Feste!*

Der jüngere Dionysos ist der Sohn der Semele, die als Erdenmutter durch Zeus den Sohn empfing. Dionysos wird im Griechentum zum Bringer des Weinstocks und des «Ich», das gleichzeitig die rohen Naturkräfte, die durch seinen Wein entfesselt werden, beherrschen lernen muß. Nicht nur die Naturkräfte, die aus Leib- und Lebensorganisation aufsteigen, sondern auch die niederen Seelentriebe sollte das «Ich» beherrschen lernen.

Die Opferung von Tieren (Stier und Bock) drückte diese Wandlungsaufträge am niederen Seelenleben schon im Kultus aus. Auch die orgiastischen Feste, die als ländliche Dionysien in Griechenland gefeiert wurden, hatten weniger den Rausch als gerade dieses Ziel als Absicht. Dort wurde z. B. aus der umgestülpten Bockshaut ein mit Wein gefüllter «Schlauch» hergestellt, der äußerlich mit Olivenöl schlüpfrig gemacht wurde. Dann versuchten einzelne Festteilnehmer, mit einem Beine hinaufzuhüpfen und sich darauf zu halten. Das geschah selbstverständlich *nach* dem Genuß von Wein. Was diese Übungen als Selbstbeherrschung herausforderten, ist vielleicht nachzufühlen. Wer herunterfiel, wurde von der Menge der Festteilnehmer ausgelacht. Wer oben blieb, wurde als Sieger gefeiert. – Auch die griechischen Symposien, auf denen Diskussionen aus den verschiedensten Anlässen gepflegt wurden, wirkte der Wein oft genug ausgleichend, wenn das junge intellektuelle Denken zum Kampfe des einen gegen den anderen zu führen drohte. Ursprünglich waren die Symposien keine Saufgelage, zu denen sie wohl später ausarteten. Der «Symposiarch» ließ oft statt philosophischer Fragen auch Rätsel raten oder schwierige Kunststücke vollführen. Es ist klar, welchen Sinn diese Aufgaben hatten, wenn die Teilnehmer ihren Wein mit Wasser oder Schnee verdünnt, unter Zugabe von Duftstoffen, Honig und Würzen getrunken hatten.

In der Dekadenz, d. h. in einer Zeit, als der Alkohol seine Mission längst erfüllt hatte, konservierte man ähnliche Feste noch, die z. B. als sogenannte «Liebesmähler» der Offiziere bekannt waren. Auf ihnen wurde in Gemeinsamkeit aus gleichen Motiven die Seelenbeherrschung unter Alkoholeinfluß gegenüber den in der Zeit aufgetretenen, gegensätzlichen Antipathien geübt.

Wenn in den Mythen um Dionysos immer von seinen ihn umschwärmenden Scharen der Mänaden, Satyrn oft auch mit mehr oder weniger Abscheu berichtet wird, so haben wir in ihnen wohl personifizierte alte Seelenkräfte vor uns, die aus der vergangenen Evolution des Menschen hervortreten, die Ich-Werdung begleiten, sie mißdeuten lassen und auch stören. Sie werden gelockert, wenn das Ich seinen Weg aufwärts antritt. Sie treten in Erscheinung, wenn der Wein die überkommenen Bande der Seele löst und alles zu entfesseln scheint.

Dionysos, der Gott selber, wird immer als schöner Jüngling, niemals häßlich dargestellt, wie das menschliche «Ich» niemals unschön sein kann, wenn es sich seinem wahren Wesen gemäß offenbaren kann. Was im Römertum später als Bacchus dargestellt wurde, zeigt schon häßlichere Dekadenzzüge, die offenbaren können, daß das geistige Erleben des Dionysos schon schweigt, daß die Mission des Alkohols mit der Zeitenwende vorüber war. Seine physische Erdengestalt soll keineswegs schön, sondern häßlich gewesen sein wie die seines Lehrers Silen.

Die menschenkundlichen Zusammenhänge zwischen dem Dionysos-Impuls und dem Wein einerseits und der Evolution des Menschen andererseits, wie sie in den Bildern des Mythos dargestellt werden, sind für unser heutiges diskursives Denken nicht ohne weiteres verständlich. Sie waren auch in der Vergangenheit – wie angedeutet – für die Menschen nicht leicht oder überhaupt nicht durchschaubar, so daß die notwendigen Bewußtseinswandlungen von großer Verwirrung begleitet waren. Der Alkohol mußte in der Tat erst seine Aufgabe am Menschen erfüllt haben, ehe diese Aufgabe auch dem menschlichen Erkenntnisvermögen zugänglich wurde. Rudolf Steiner hat auf wesentliche Züge in dieser Entwicklung hingewiesen und die wichtigsten Aspekte des Dionysoskultes und seine Hintergründe dargestellt; er hat auch auf den Zeitpunkt hingewiesen, von dem an der Alkohol – gleich in welcher Form – seine frühere Aufgabe verloren hatte.
Das Wort «Alkohol» kommt aus dem Arabischen, wo man durchaus noch ein Gefühl dafür hatte, daß hinter bzw. in dieser Substanz geistige Kräfte wirkten. «Al-kohol» heißt «der Geist». Ursprünglich soll das Wort das feinste und reinste Wesen einer Sache bedeutet haben. Diese Bedeutung finden wir annähernd auch noch in dem deutschen Worte «Weingeist» und in dem lateinischen Worte «spiritus» = Geist. Es ist also eigentlich ein Wort, das sowohl etwas Sinnlich-Sichtbares wie etwas Übersinnliches bezeichnet.
In die Zeit, die mittels des Alkohols die Menschheit in den Egoismus – fern einer noch bewußten Bindung an kosmische Geistigkeit – führte, fiel nun ein Ereignis, das wir mit dem Worte «Zeitenwende» andeuten. Es vermittelte dem Menschen neue Kräfte, um sich wiederum «mit dem geistigen Ganzen» verbinden zu können. «Auf der einen Seite mußte der Mensch bis zur tiefsten Stufe hinuntersteigen, um selbständig zu werden, auf der anderen Seite mußte dagegen die starke Kraft kommen, die wieder den Impuls geben konnte, um den Weg zum Ganzen zurückzuführen ...»[1]

[1] R. Steiner, Das Johannes-Evangelium 1908, 8. Aufl. Dornach 1963.

In der Charakterisierung der Weinrebe gegenüber anderen Pflanzen weist nun Rudolf Steiner darauf hin, daß diese wie alle Pflanzen ihren vitalen Höhepunkt gewissermaßen in dem Samen haben, den sie mit der Triebkraft für den jungen Keim ausstatten, so daß diese Kraft sich nicht der übrigen Pflanze mitteilt. Die Weinrebe macht da eine Ausnahme. Sie ergießt diese Kraft auch in das Fruchtfleisch und bietet damit die Voraussetzungen für alles das, was durch die Gärung dann aus der Traube herausgeholt wird. Diese Kraft muß auch ohne die später einsetzende Gärung eine bedeutende sein; denn in manchen Fällen ist uns bekannt, wie der Genuß von nur ganz wenigem, frischem Weintraubenfleisch erstaunliche Belebungswirkungen bei Kranken hervorrief, die – jeglicher Nahrung abhold – in desolatem Zustande waren. Diese natürliche Kraft im Fruchtfleisch der Traube wird durch die Gärung zu etwas verwandelt, was dann im Blute des Menschen Gewalt über ihn gewinnt. Dadurch wird sein Ich, das im Blute lebt, bedroht. Wie in früheren Zeiten das niedere Ich und der Egoismus durch den Wein erst veranlagt wurden, so fördert er noch heute *diese* Wesensseite des Menschen sehr stark. Das höhere Ich vermag sich dann nicht zur Geltung zu bringen. Diese Tatsachen offenbaren schon die äußeren Symptome, die der Wein oder der Alkohol als giftige Substanzen am Menschen hervorrufen.

Wie wirkt nun der Alkohol im Menschen? In geringen Mengen tritt er von Natur physiologisch im Blut auf. Das Wesentliche daran ist, daß der Organismus ihn selbst erzeugt. Betrunken kann man dadurch nicht werden. Ein zeitlich und organisch-räumlich erweiterter Einfluß zeigt sich natürlich nur beim Genuß von Alkohol. Das war einstmals so beabsichtigt, als der Wein (s. Noah, Dionysos) als Getränk in die Menschenentwicklung eingeführt wurde. Wenn die hauptsächlichen Einflüsse auch auf die Wesensglieder des Menschen ausgeübt werden, so äußern sich solche doch auch im Organischen mittel- und unmittelbar. Von diesen Wirkungen im Menschen mit seiner heutigen Konstitution seien hier nur einige typische Erscheinungen zusammengestellt. Trinkt der Mensch Alkohol, dann stört er auch jene Funktion, die im Organismus selbst Alkohol bilden will. Er bringt dann Alkohol in Organbereiche, in die er sonst nicht oder nur in verschwindend kleiner Menge gelangt. Dadurch wird nicht nur eine Disharmonie der Wesensglieder erzeugt, sondern den Alkoholkräften wird Einfluß auf Gebiete eingeräumt, an die sie sonst kaum herankommen; denn der normale Alkoholgehalt des menschlichen Blutes beträgt nur etwa 3–4 mg%. Bei einem Betrunkenen steigert er sich bis zu 220 mg%, während bei schwerem Rausch sogar bis zu 350 mg% festgestellt wurde. Die folgenden Erscheinungen oder Wirkungen dieses Getränkes, das in vielfältigster Art und Konzentration konsumiert wird, treten in jedem einzelnen Falle unterschiedlich und abgestuft auf. Sie hängen auch von der aufgenommenen Menge und von der Gewohnheit ab, sich dem Alkoholeinfluß mehr oder weniger häufig auszusetzen.

Daß der Alkohol nicht auf die normalen Verdauungsvorgänge angewiesen ist, dürfte bekannt sein. Man nimmt ihn schon durch Einatmen in sich auf, dann tritt er aber vor allem direkt durch die Mundschleimhaut, durch die Magenwand, durch die Darmwände in den Flüssigkeitsorganismus, in das Blut und in die Lymphe über, ohne daß er von irgendwelchen Verdauungsvorgängen ergriffen wird. Auf diese Weise verbreitet sich die unveränderte Alkoholsubstanz schnell durch den ganzen Organismus bis in das Gehirn- und Rückenmarkwasser und beeinflußt von da aus die Nervensubstanz.

Orientiert man sich einmal über die landläufigen Vorstellungen der Menschen, die sie von der Alkoholwirkung haben, dann trifft man z. B. die weit verbreitete Meinung, der Alkohol *wärme*, der Alkohol *rege an*, der Alkohol *stärke*. Es gibt sogar demagogische, von Interessenseiten geförderte «wissenschaftliche» Meinungen, der Alkohol ernähre.

Wie ist es nun in Wirklichkeit mit der *Wärmewirkung* des Alkohols? Etwas gesteigerter oder konzentrierter Alkoholgenuß führt schnell zur Rötung der Haut und zu einem auffälligen Wärmegefühl. Diesen Tatsachen liegt folgendes zugrunde. Der Alkohol *lähmt* die Nerven der Hautblutgefäße, so daß sich die Adern erweitern. Daher die Rötung der Haut und das gesteigerte Wärmeempfinden. Die Gefäße ziehen sich dann aber auch nicht – wie normal – zusammen, wenn Kälte von außen einwirkt. Diese wird überhaupt nicht wahrgenommen. Daher die üblichen Erkältungen und Lungenentzündungen nach Alkoholgelagen, wenn die Menschen sich einer Abkühlung aussetzen. Daher auch das Erfrieren Betrunkener, die ein Ruheplätzchen im Freien aufgesucht hatten. Der Wärmesinn wird durch den Alkohol gelähmt und dadurch die Wärmeregulation im ganzen Körper. Dieser verströmt an der Peripherie seine Wärme aus den erweiterten Blutgefäßen und kühlt immer mehr ab. Der Tod tritt zumeist dann ein, wenn die Körpertemperatur – im Darm gemessen – unter 24 Grad absinkt.

Alkohol *lähmt* also in Wirklichkeit die Blutgefäße und die Wärmeorganisation und vermittelt dabei die Vortäuschung des Gegenteils. Damit werden die leiblichen Elemente der Ichorganisation ausgeschaltet. Wie steht es nun mit der *Anregung* durch dieses Getränk? Diese behauptete Wirkung auf das Seelenleben beruht ebenfalls auf einer Täuschung, denn was als Anregung empfunden wird, ist in Wirklichkeit wieder eine *Lähmung*. Dagegen spricht nicht, daß vielleicht einige geniale Menschen unter Alkoholeinfluß etwas Besonderes geleistet haben. Als erstes wird die klare Urteilskraft, das klare Denken und die Selbstkritik gelähmt. Wie drückt sich das aus? Der unter Alkohol stehende Mensch wird mitteilsam, geschwätzig, offenherzig, laut und lärmend. Er wird oft auch sorgloser und «mutiger» als er gewöhnlich ist; alles, weil er die Zusammenhänge, Gefahren usw. nicht mehr zu übersehen und abzuwägen vermag. Unter dieser Lähmung des Denkens, des Urteilsvermögens und der Selbstkritik wächst die Selbstgefälligkeit und die Überheblichkeit. Die oft auftretenden heftigen Gestikulationen und der überflüssige Bewegungsdrang der Betrunkenen sind immer das Resultat der *Ablähmung* natürlicher Hemmungsvorgänge im Menschen, die von seinem Ich ausgehen. Dabei ist die oft wahrzunehmende Anregung der Pulsfrequenz, die nur durch den Bewegungsdrang erzeugt wird, keine direkte Alkoholwirkung. Ihr Einfluß lähmt auch das natürliche Müdigkeitsgefühl im Menschen, das als ein schützender Reflex im Organismus wirken sollte.

Die gesamte Reflexerregbarkeit wird unter dem Einfluß dieses Giftes abgelähmt; deshalb fühlen Menschen mit erhöhter Reflexerregbarkeit – wie die Neurastheniker – nach Alkoholgenuß häufig eine gewisse Erleichterung, die selbstverständlich dazu führen kann, daß sie sich einer chronischen Vergiftung durch Alkohol mit ihren weitgehenden Folgen aussetzen. Weiter *lähmt* Alkohol jedes Schmerzgefühl. Unbehagen, seelische Schmerzen, Kummer und Sorgen verschwinden aus dem Bewußtsein, weil er das Bewußtseinswiderlager – den Leib – für alles seelische Erleben abzulähmen scheint oder das Geistig-Seelische unfähig macht, den Leib als Bewußtseinsgrundlage zu verwenden.

Unter den organischen Schäden durch regelmäßige Alkoholaufnahme, die durchaus noch nicht chronische Trunkenheit zu bedeuten braucht, sind die Leberverhärtungen, die chronische Nierenentzündung und manche Herzleiden bekannt. Beim Trinken größerer Mengen wird die Stickstoffausscheidung unter gleichzeitiger Verminderung der Sauerstoffaufnahme und der Kohlensäureausscheidung vermehrt. Diese Vorgänge führen dann zur Verfettung der Organe. Der allgemein erhöhte Fettansatz ist eine leicht beobachtbare Tatsache. Der Mensch wird leiblich träger und seelisch unfähiger zu Anstrengungen und Bewegungen. Zu erwähnen ist noch, daß auch die Erregbarkeit des Atemzentrums für längere Zeit herabgesetzt wird, so daß schließlich Atemlähmung eintreten kann.

Die angeführten Beispiele, die noch um manche vermehrt und näher ausgeführt werden könnten, mögen genügen, um aus dem äußeren medizinischen Tatsachenwissen zu illustrieren, wie der Alkohol *lähmend* in den lebendigen, durchseelten und durchgeistigten Organismus einwirkt, daß er der Schrittmacher der Degeneration des menschlichen Leibes-, Seelen- und Geisteslebens ist.

Aus all diesen Hinweisen ergibt sich, daß hier vorwiegend die Wirkungen auf die *Wesensglieder* des Menschen berücksichtigt werden müssen. Der Mensch hat nicht wie der Hefepilz nur Lebensorganisation und physischen Leib, die er dem Alkohol aussetzt, sondern einen Seelenorganismus und ein Ich mit deren leiblichen Organbildungen, die als Nervensystem und Blutsystem diesen Wesensgliedern dienen und durch die Gifteinwirkungen entscheidend in Mitleidenschaft gezogen werden.

Mit dem Wein oder dem Alkohol im allgemeinen haben wir unter den Genußgiften den ersten Stoff, der einen ausgesprochenen Rausch vermitteln kann. Zwar wird er zumeist nicht unbedingt mit dieser Absicht getrunken, doch läßt sich jeder Trinker gern ganz leicht von dieser Sphäre reizen.

Wie beginnt dieser Segen des Dionysos? Es fängt zumeist an mit einem Wärmegefühl im Magen, mit der Wärme, die sich über den ganzen Körper ausdehnt. Der Trinker fühlt sich auffallend unbeschwert. Eine merkwürdige Redseligkeit stellt sich ein. Dann fällt auf, daß der Beschwipste seine Gedanken nicht festhalten kann, daß er Gedanken miteinander verknüpft, die nicht sehr sinnvoll sind. Dabei kann man beobachten, daß alle feineren Bewegungen schon sehr unsicher ausgeführt werden. Mancher «Angeheiterte» entwickelt einen merkwürdigen

Drang zu Bewegungen, Gestikulationen und lallender Sprache. Auch der schwankende Gang ist dann schon zu beobachten. Was der Mensch sich als kleines Kind mühsam errungen hat, das Gleichgewicht, schwindet hin. Man kann erkennen, daß diese Aufzählungen nichts anderes sind als das etappenweise Ausschalten der Ichwirksamkeit im Körper. Man erlebt Gleichgewichtsstörungen mit Schwäche in den Beinen. Es können auch vollkommene lähmungsartige Zustände auftreten. Dabei wird zumeist ein beschleunigter, kleiner Puls festzustellen sein. Die Haut ist kühl, leicht schweißbedeckt und klebrig. Ist der Rausch so vollkommen, daß er einer Narkose gleichkommt, dann kann der Tod durch Lähmung des Atem- und Gefäßzentrums eintreten. Eine Sektion würde kaum wesentliche Veränderungen an den Leibesorganen feststellen. Der Alkohol schädigt primär nicht die physische und Lebensorganisation, sondern die Ich- und Seelenorganisation, deren Wirksamkeiten er ausschaltet.

Ist die Vergiftung durch dieses Genußgift nicht so vollkommen, dann folgt zumeist ein tiefer Schlaf, an den sich der bekannte «Kater» anschließt. Er offenbart sich nun organisch in den verschiedensten Beschwerden, wo die dionysische Substanz die höheren Wesensglieder in ihrem Verhältnis zu ihren physischen Organen aus dem Gleichgewicht gebracht hat. Der Betroffene vermag sich an nichts mehr zu erinnern, was mit ihm unter dem Einfluß des Alkohols vor sich gegangen ist. Der «Kater» ist das Bild eines Restzustandes der ausklingenden schweren Vergiftung. Man stellt dann fest, daß die Lebensorganisation mittelbar stark gelitten hat. Ihr Substrat, die Leibesflüssigkeit, ist geringer geworden. Sie ist ausgetrocknet unter dem Einfluß des Alkohols. Die Leber birgt Giftprodukte, die normalerweise nicht auftreten. Damit haben wir einen skizzenhaften Umriß der *akuten* Alkoholvergiftung.

Die *chronische* Vergiftung, der gewohnheitsmäßige Mißbrauch des Alkohols, setzt eigentlich schon ein gestörtes Seelenleben voraus, wenn man jene Menschen ausnimmt, die beruflich mit der Alkoholbereitung und -verabreichung an die Umwelt zu tun haben. Wenn diese von Anfang an vielleicht kein abartiges Seelenleben erkennen lassen, so sind sie von den Folgen des Alkoholgiftes natürlich nicht ausgenommen. Dieser Alkoholismus führt zumeist zu vorzeitigem Tode.

Der Alkoholiker bietet mit seinem mehr oder weniger gedunsenen, roten Gesicht ein typisches Bild. Sein Blick ist stier, die Bindehaut gerötet und der Gang taumelnd. Die Hände sind unsicher und zitterig. Häufig besteht morgendliches Erbrechen und chronische Appetitlosigkeit. Die Leber ist so verändert, daß sie dauernd geschwollen ist, und die Haut ist gelblich bis gelbgrünlich verfärbt. Es bildet sich weiter ein Entzündungszustand der grauen Gehirnsubstanz heraus, dem Augenmuskellähmungen und manche andere Erscheinungen folgen können. Daß solche Menschen eine gesteigerte Reizbarkeit zeigen, ist bekannt. Zornausbrüche sind häufig. Gedächtnisschwäche, Abnahme ihrer Leistungen sind üblich. Während diese Trinker unter ihresgleichen ausgesprochen umgänglich sind, zeigen sie oft große Brutalität und Rücksichtslosigkeit gegen ihre Familie, als empfänden sie die nüchterne Umwelt als aufreizenden Vorwurf. Über solche Vorfälle kann man fast täglich etwas in der Zeitung lesen.

Der Übergang zur echten «Geisteskrankheit» ist dann allmählich gegeben: Delirium, Halluzinationen, Wahnideen treten auf. Durch den Alkoholmißbrauch können natürlich auch Erbschäden auftreten. Alkohol ist ein Erbgift.

Der Alkohol – genauer Äthylalkohol – ist oft nicht die einzige toxische Substanz, die aufgenommen wird. Viele alkoholische Getränke enthalten noch andere Stoffe, welche die Giftigkeit des Getränkes erhöhen können. Solche Stoffe können schon bei der Gärung entstehen oder sind sogenannte «Geschmacksverbesserer», die zugefügt werden.

Werden manche alkoholischen Substanzen wie Bier und Wein auch nicht um des Rausches willen, sondern einfach als Getränk genossen, so können sie doch als Endstation in den Rausch führen. Den gewollten, echten Rausch ohne andere «Vor- oder Beigenüsse» erreicht das Gift des echten Hanfes (Haschisch).

Was hier skizzenhaft dargestellt wurde, sind die Wegzeichen vom Wirken einer Mysterienpflanze, die ihre Aufgabe schon lange erfüllt hat und von den Menschen nicht wieder freigegeben wird. Überall aber, wo sich Menschen bewußt werden, daß der notwendige Verlust alter Seelenkräfte mit dem Alkohol zusammenhing, daß diese Seelenfähigkeiten nun unter neuen Geistessituationen wieder errungen werden müssen, da enthält man sich des Alkohols. In den alten Mysterien selber – solange sie gesund waren – trank niemand Alkohol. Er war in Wirklichkeit für die Profanen da, um sie allmählich von den ererbten, übersinnlichen Naturfähigkeiten zum intellektuellen Ichbewußtsein zu bringen. Dieser Zustand ist bei den meisten Menschen heute erreicht. Sie können erkennen, daß der Alkohol jetzt nur noch zerstörend an allem wirkt, was Menschenwürde und höheres Ich sind. Deshalb müssen sie jetzt lernen, aus ihrem freien Ich heraus «nein» zu dieser Substanz zu sagen.

Bekannt ist, daß schon die Essäer sich dieser Substanz enthielten, weil zu jener Zeit der Alkohol seine Mission erfüllt hatte. Man kann weiter verfolgen, daß, wo immer man ernstes Streben nach geistigen, spirituellen Inhalten übte, die Enthaltung vom Alkohol vorausgesetzt wurde. Wo in heutiger Zeit an spirituell Arbeitende der Alkohol herankommt, ist die Degeneration unausbleibliche Folge. Er wirkt auf den geistig übenden und lebenden Menschen ganz anders und viel verheerender ein als auf Menschen, die sich keinem meditativen Leben hingeben. Auf die intellektuelle Geistigkeit, die allgemein als Geistesleben angesprochen wird, wirkt er zuweilen noch fördernd ein wie in alten Zeiten; doch mit ihr allein läßt sich heute nur noch etwas Äußerliches und Oberflächliches erreichen. Die Tiefen des Lebens, der Welt und des Seins erschließen sich dem Intellektuellen nicht, nicht ohne die Entwicklung umfassender seelischer und geistiger Erkenntniskräfte.

Was die Pflanzenwelt an Kohlenhydraten – Stärke und Zucker – liefert, regt und spricht das menschliche Ich an. Wo diese Substanzen der Gärung überantwortet werden, da wird nur das niedere Ich angesprochen, das höhere Ich wird ausgeschlossen. Es findet keinen Zugang zur Menschenseele.

Goethe wurde einmal in einer größeren Gesellschaft bei Tisch aufgefordert, einen Tischspruch von sich zu geben.

Da einige etwas angeheiterte Studiosi dabei waren, soll er folgenden Spruch gesagt haben:

«Wasser allein macht stumm,
Das beweisen im Meere die Fische,
Wein allein macht dumm,
Das beweisen die Herren am Tische!
Da ich weder stumm noch dumm will sein,
Trink' ich mit Wasser vermischt den Wein!»

Haschisch, das Gift des Hanfes

Rausch – Erreichung eines Ziels ohne jeden Aufenthalt und Nebenweg – verspricht sich der Haschisch-Raucher vom Gift des Hanfes, Cannabis sativa, var. indica. Es ist ein recht altes Rauschgift des Ostens, das neuerdings in Europa wieder von sich reden macht. Der gemeine Hanf, der kultiviert wurde, um seinen Bast für grobes Garn, Stricke, Segeltuch und ähnliche Gewebe zu gewinnen, vermittelte von jeher auch noch andere Möglichkeiten, die ihm einen recht zweifelhaften Ruf eingebracht haben. Dabei ist das Merkwürdige, daß diese Pflanze dort, wo sie guten Bast liefert, wenig oder ungeeignetes Gift absondert. Wo aber das Gift kräftig wird, da taugt der Bast nicht viel. Diese Unterschiede ergeben sich rein aus den klimatischen Bedingungen, unter denen die Pflanzen wachsen.

Die Hanfgewächse sind eine Unterfamilie der Familie der Maulbeergewächse (Moraceae), die noch überwiegend von Milchsaft durchströmt sind. Andere rechnen Cannabis zu den Nesselgewächsen (Urticaceae), denen sie ihrem Wesen nach auch sehr nahe stehen. Die wachsabsondernden Drüsenhaare der Blätter sehen den Brennhaaren unserer gewöhnlichen Brennessel (Urtica dioica) sehr ähnlich. Auch der Hopfen – Humulus – gehört zu den Hanfgewächsen. Diese beiden Gattungen haben aber keinen Milchsaft mehr in ihren Geweben.

Der gemeine Hanf ist eine aufrechte, schlanke, schöne Pflanze, die ein bis zwei Meter hoch wird. In ihrem äußeren Habitus hat sie oft eine entfernte Ähnlichkeit mit einer chinesischen Pagode. Die Achse ist aufrecht gerade und rundherum in Abständen von zahlreichen, sehr auffälligen Blattbüscheln besetzt. Die Blätter selber sind fingerförmig und bestehen aus 5–9 schmalen, scharfgezähnten, spitz zulaufenden Abschnitten. Dadurch hat das Blatt einen stark durchlichteten Charakter. Cannabis ist zweihäusig, d. h. die Pollenblüten wachsen auf einer anderen Pflanze als die Fruchtblüten. Bei beiden entwachsen die Blütenstände den Blattachseln. Es besteht aber ein signaturenhafter Unter-

schied bei diesem Pärchen. Die Fruchtblütenpflanzen entwickeln eine üppige Blattentfaltung bis in die oberste Spitze der Pflanze hinauf, während die Blätter bei den Pollenpflanzen in der oberen Pflanzenspitze ganz zurücktreten, bzw. auffallend klein bleiben.
Der Ursprung des Hanfs soll im nördlichen Zentralasien liegen. Von dort soll er etwa 2000 v. Chr. durch die Skythenwanderungen in Osteuropa heimisch geworden sein. Am Schwarzen Meere wächst der Hanf wild. Herodot berichtet schon um 500 v. Chr. das gleiche. Oft ist der Kulturhanf von den Feldern verwildert, aber niemals ist er auf seinen natürlichen Wegen in das mittlere oder westliche Europa eingedrungen. Um 484 v. Chr. webten die Thrazier bereits Kleider aus Hanf, doch war er den Griechen – wie Herodot schreibt – unbekannt. Auch die Ägypter und Israeliten kannten ihn, wie berichtet wird, nicht. Etwa 100 v. Chr. wird er zuerst in Rom erwähnt, wo er sowohl als Heilpflanze als auch wegen seiner Bastfasern bekannt war. Sehr früh schon soll er nach China gekommen sein. Auch in Rußland, Polen, Süddeutschland, Norditalien und um Neapel wurde Cannabis angebaut.
Je südlicher der Hanf gedeiht, desto geringwertiger wird sein Bast oder seine Faser; umso mehr aber produzieren die Fruchtblütenpflanzen das begehrte Harz. In mehr tropischen Gegenden und im Orient wird der Hanf vor allem wegen seines Harzes angebaut. Dieses widerlich duftende Harz ist das unter dem Namen «Haschisch» bekannte Rauschmittel. Aus der Überlieferung durch Herodot wissen wir, «daß die Skythen sich mit Wohlgefallen in abgeschlossenen Zelten dem Rauch erhitzter Hanfsamen aussetzten» (Warburg), wie es die Indianer einst mit dem Tabakrauch taten.
Heute wird der Haschisch sowohl geraucht als auch gegessen. Man nimmt entweder das reine Harz oder die gleich nach der Blüte gepflückten Spitzen der Pflanzen, die Blätter und die halbreifen Fruchtkapseln. Das Harz, das am kräftigsten und wirksamsten ist, wird von den kleinen Blättchen abgesondert, welche die Fruchtblüten umgeben. Es ist unangenehm bitter. In den angebotenen Haschischpräparaten wird dieser Geschmack oft durch Gewürze, Honig oder Zucker übertönt. Das reine Harz ist am wirksamsten. Es wird mühsam in Form kleiner Harztröpfchen von den Zweig- und Blattspitzen gesammelt und dann zu Erbsen- oder Walnußgröße zusammengeknetet verkauft. Eine andere Art der Harzernte besteht darin, daß die Sammler in lederner Kleidung

durch die Pflanzenreihen laufen und anschließend mit einem Messer die haftengebliebenen Harztröpfchen von dem Leder abkratzen.
In wärmeren Gegenden erreicht die Hanfpflanze bis zu vier Meter Höhe. Im europäischen Klima ist der Harzgehalt zwar gering, doch wirken auch die Blattauszüge – innerlich genommen – betäubend. Die frischen Blätter verursachen zuweilen Kopfschmerzen. Beim Ausraufen der Hanfpflanzen werden manche Arbeiter durch sie direkt betäubt. Der indische Hanf, der früher als Cannabis indica bezeichnet wurde, obgleich er keine besondere Art gegenüber dem Hanf darstellt, entwickelt sehr viel mehr Harz. Im illegalen Handel werden oft auch wirkungsarme Pflanzen an den Mann gebracht.
Aus der weiteren Geschichte dieser Pflanze dürfte noch interessieren, welche historische Rolle sie gespielt hat. Bekanntlich verbietet der Koran den Islam-Anhängern den Alkoholgenuß. So war vor allem im Mittelalter der Haschischgenuß in mohammedanischen Ländern weit verbreitet. Von Marco Polo stammt – nach Usteri – der Bericht, daß Hasan ben Sabah – der den Beinamen «Scheik al Dschebel» – der Alte vom Berge – trug, das Haschisch mit seinen narkotischen Wirkungen in besonderer Art ausnutzte. Er war Führer einer fanatischen, religiösen Sekte. Neue Anhänger lud er zu sich zum Essen ein, ließ ihnen unbemerkt Haschisch in die Speisen mischen. Verloren seine Gäste durch den Genuß dann ihr Bewußtsein, ließ er sie durch seine Diener in einen schönen, üppigen Garten schaffen. Erwachten die Betäubten aus ihrem Schlaf, dann fanden sie um sich die schönsten Speisen und Getränke, duftende Blumen und schöne Mädchen. Wieder wurde ihnen heimlich Haschisch in den Speisen beigebracht, und sie fielen wiederum in Bewußtlosigkeit, in deren Verlauf sie an der Seite des «magischen» Scheiks gebracht wurden. Bei ihrem Erwachen redete er ihnen ein, daß sie seine Seite niemals verlassen hätten, daß sie die genossenen Freuden in den Zaubergärten solange genießen könnten, als sie seinem Willen bedingungslos gehorchten.
Diese Sektenfanatiker führten als Wegelagerer und Meuchelmörder ein recht wildes Leben in der Nähe des Kaspischen Meeres. Den Kreuzfahrern haben sie gehörig zu schaffen gemacht. Diese gaben ihnen nach dem Hanfgift den Namen «die Haschischins». Daraus wurde später der französische Name «assassin» = Mörder.

Haschisch soll auch Bild-belebend an der Entstehung von «Tausend und einer Nacht» mitgewirkt haben.

Daß der Haschischgenuß nicht bei den mohammedanischen Völkern geblieben ist bzw. nicht dort allein üblich war, dürfte bekannt sein. Das Gift trägt in Arabien auch den Namen «Kraut der Fakire». Die afrikanischen Völker sollen sich diesem Genuß – vor allem in der Form des Haschischrauchens – ausgiebig hingeben.

Wie wirkt nun Haschisch?

Der Rausch kann verschiedenartige Phasen durchlaufen oder aber von Anfang an eine bestimmte Richtung einnehmen. Man kann eine lebhafte, aktive Form von einer Form der Depression und des passiven Verhaltens unterscheiden. In geringem Maß genossen, stimmt die Droge im einen Fall fröhlich, bringt einen in eine gehobene, euphorische Stimmung, erregt angenehme Gefühle und bewirkt auch Sinnestäuschungen. Gern tritt auch eine übertriebene Neigung zum Reden auf, ferner unmotiviertes Lachen und kindische Albernheit. Selbstgefühl und Selbstbewußtsein bleiben nahezu ungetrübt. Im anderen Fall der passiven Form zeigen sich dagegen starker Mißmut, ruhelose Ängstlichkeit und erhöhte Gereiztheit; es wird also eine mehr ballend-verkrampfende Wirkung auf die Seele ausgeübt. Der unter Drogeneinwirkung Stehende erlebt die Farben kräftiger und leuchtender; überhaupt werden alle Sinneseindrücke intensiviert. Reko gibt an, daß dem unter Rauschwirkung Stehenden bei geringer Haschischaufnahme eine Konzentration noch möglich ist; werden besondere Willensanstrengungen verlangt – für Haschischsüchtige etwas recht Unangenehmes –, so tritt die Haschischwirkung stark zurück.

Bei einem schwereren Rausch äußert sich die aktive Form in zunehmendem Rede- und Bewegungsdrang sowie anderen zwangshaften Antrieben wie etwa hemmungslosem Lachen; Bewegungen und Sprache werden ataktisch. Diese Art des Rausches kann sich sogar bis zu plötzlich ausbrechender Gewalttätigkeit und gelegentlich bis zum Totschlag steigern. Ferner kommen Größenwahn und paranoische Vorstellungen vor. Der passiven Form fehlen sowohl das enthemmende Gefühl der Hochstimmung als auch die Bewegungsunruhe. Es kann vielmehr vorkommen, daß der unter Drogenwirkung Stehende lange in ein und derselben Lage oder Gliederstellung verharrt. Die Aufgaben und Pro-

bleme des täglichen Lebens rücken von ihm fort in eine weite Ferne und lassen ihn völlig gleichgültig.
Über die psychischen Wirkungen hinaus treten natürlich auch körperlich-organische bzw. vegetative Störungen auf. Es kann zu Brechreiz, Husten, Kopfschmerzen, Schwindel, ja Schleimhautreizungen im Hals und in den Atemorganen kommen. Verstärktes Herzklopfen, Durstgefühl, Trockenheit des Mundes tritt in Erscheinung. Bei dauerndem Gebrauch des Hanfgiftes entwickeln sich Entzündungen im Bereich der Schleimhäute von Auge, Kehlkopf und Bronchien. Es scheint überhaupt eine starke Beziehung zu den Schleimhäuten vorhanden zu sein, denn auch die therapeutische Wirkung von Cannabis sativa, die in der homöopathischen Schule registriert und ausgenutzt wird, geht in diese Richtung. Besonders sind es da die entzündlichen Veränderungen der Harnwege, auf die eine arzneiliche Wirkung ausgeübt wird.
Die Heilwirkungen der Hanfpflanze wurden schon früh erkannt. Die Hanfsamen, von denen viele unserer Stubenvögel leben, enthalten fettes Öl und schleimige Substanzen. In Form von warmen Umschlägen und Emulsionen wurden sie bei Schleimhautentzündungen und bei Blasenleiden verwendet. Das extrahierte Öl war und ist bei Krankheiten der Harnorgane in Gebrauch. Die Homöopathie hat in ihrer Materia medica umfangreiche Anwendungsmöglichkeiten ausgearbeitet. Auf eine soll hier aber gesondert hingewiesen sein. Ein amerikanischer Arzt, E. B. Nash, gibt in seiner Veröffentlichung zu dieser Pflanze «ein seltsames Symptom» an, das er durch diese Droge in homöopathischer Potenz beseitigen konnte, «nämlich eine Empfindung von Herabfallen des Herzens», eine Erscheinung, über die manche Patienten klagen.

Was als Haschisch im Osten in den Süchtigen wirkt und auch vom Orient kommt, das verführt die Schwachen im Westen als «Marihuana». Aber auch dieses Gift ist nichts anderes als das Harz aus der Hanfpflanze. Nur ist Haschisch das reine Harz, während Marihuana aus den Blüten, reifenden Fruchtkapseln, Blättern und feinen Stengeln der Hanfpflanze besteht, in denen die wirkende Substanz nicht so stark konzentriert ist.
«Kein Narkotikum der Welt ist dem gemeinen Manne in den Tropen leichter zugänglich als dieses», schreibt Reko. Der Besitz aller anderen Genußgifte ist immer mehr oder weniger von Geld abhängig, der der

«Sozialhygienische Schriftenreihe»

Herausgegeben vom Verein für ein erweitertes Heilwesen, Bad Liebenzell

1 Walter Bühler
Der Leib als Instrument der Seele
in Gesundheit und Krankheit.
8. Auflage, 87 Seiten, kartoniert

2 Werner Christian Simonis
Taschenbuch der häuslichen Krankenpflege
5. Auflage, 103 Seiten, kartoniert

3 Werner Christian Simonis
Korn und Brot
2. Auflage, 159 Seiten, kartoniert

4 Werner Christian Simonis
Genuß aus dem Gift?
Herkunft und Wirkung von Kaffee, Tee, Kakao, Tabak, Alkohol und Haschisch.
4. Auflage, 136 Seiten mit Abbildungen, kartoniert

5 Werner Christian Simonis
Wolle und Seide
Der Mensch als Wärmewesen
Bekleidungshygienische Betrachtungen
5. Auflage, 80 Seiten, 8 Fototafeln, kartoniert

6 **Soziale Hygiene**
Seelisch-geistige Selbsthilfe im Zeitalter der Lebenskränkung.
3. Auflage, 240 Seiten, kartoniert

7 Udo Renzenbrink
Ernährung unserer Kinder
Gesundes Wachstum – Konzentration – Soziales Verhalten – Willensbildung
4. Auflage, 203 Seiten, kartoniert

8 **Mit Kindern leben**
Zur Praxis der körperlichen und seelischen Gesundheitspflege
2. Auflage, 277 Seiten, kartoniert

9 Udo Renzenbrink
Ernährung in der zweiten Lebenshälfte
Warum altert der Mensch? Störungen des Stoffwechsels
Ernährung und Wärmeorganismus – Rezepte
2. Auflage, 204 Seiten, kartoniert

10 **Krankenpflege zu Hause**
auf der Grundlage der anthroposophisch orientierten Medizin
2. Auflage, 164 Seiten mit 42 Abbildungen, kartoniert

11 Georg Kühlewind
Vom Normalen zum Gesunden
Wege zur Befreiung des erkrankten Bewußtseins.
248 Seiten, kartoniert

Landgrebe, B., Vergleichende Untersuchung von Kaffee. Berlin SO 36/1955.

Lang, K., Physiologie und Pharmakologie der fettlöslichen Kaffeeinhaltsstoffe. Heilkunst, 78. Jahrg.

Lenzner, C., Gift in der Nahrung. 2. Aufl., Freiburg 1933.

Leonhardt, R. W., Haschisch Report. München 1970.

Lewin, L., Gifte und Vergiftungen. Berlin 1929.

Lickint, Fr., Tabak und Organismus. Stuttgart 1939.

Lindner, M. W., Warenkundliche Untersuchung von Kaffee. Berlin 1955.

Luff, K., Die Kaffeewirkung auf das zentrale Nervensystem. Heilkunst, 78. Jahrg.

Luff, Vogler und Bardong, Mitteilung der Deutschen Gesellschaft für Verkehrsmedizin, 1963/XIV.

Maier, H. G., Chemie der Kaffeestoffe. Heilkunst, 78. Jahrg. Nr. 2.

Nash, E. B., Leitsymptome in der Homöopathie. Leipzig 1935.

Neumann, K. H., Tierversuche zur Frage körperlichen Leistungsvermögens nach Aufnahme von Koffein. Med. Klinik 60. Jahrg. 1965/Nr. 34.

Nonnos, Dionysiaka. Übers. von Th. v. Scheffer. Wiesbaden o. J.

Okakura, K., Das Buch vom Tee. Wiesbaden 1955.

Pankow, S., Bohnenkaffee – ein Stimulans aber kein Gift / Arznei und Nahrung. Berlin 1962, IX. Jahrg. Nr. 26.

Pohlisch, K., Tabak. Stuttgart 1954.

Reiniger, W., Haschisch, Ciba-Zeitschrift. 1955.

Reko, V., Magische Gifte. Stuttgart 1949.

Seibold, M., Die Wirkung des Kaffees auf den Kreislauf aus klinischer Sicht. Heilkunst, 78. Jahrg. Nr. 2.

Simonis, W. Chr., Die niederen Heilpflanzen. Heidelberg 1971.

Stavenhagen, G., Kaffee. Natura Jahrg. VII, Heft 3.

Steiner, R., Geheimwissenschaft im Umriß, 28. Aufl., Dornach 1968.

— Theosophie, 28. Aufl., Dornach 1961.

— Allgemeine Menschenkunde, 6. Aufl., Dornach 1968.

— Geisteswissenschaft und Medizin, 3. Aufl., Dornach 1961.

— Welche Bedeutung hat die okkulte Entwicklung des Menschen für seine Hüllen? 3. Aufl., Dornach 1957.

— Über Gesundheit und Krankheit. Neuaufl., Dornach 1971.

Stieve, F. E., Die Wirkung des Kaffees auf den Magen-Darmtrakt aus klinischer Sicht. Heilkunst, 78. Jahrg. Nr. 2.

Suchantke, A., Orientierungsversuche im Labyrinth der Drogen. Menschenkunde Nr. 4/5, 1970.

Suchantke, G., Kaffeebaum. Natura Jahrg. IV, 7-8 1970.

Thiemann, E., Gewohnheit und Sucht. Medizinische Welt 1966, Nr. 44.

Ulrich, R., Der Kaffee und das Coffein. Stuttgart 1953.

Urtel, P. M., Die Kunst Tee zu bereiten. München 1964.

Usteri, A., Die Pflanzen-Sammlung. Basel 1926.

Wagner, H., Rauschgift-Drogen. Berlin–Heidelberg–New York 1969.

Warburg, O., Die Pflanzenwelt. Leipzig 1923.

Hanfblätter oder ihres Harzes aber nicht. Die Hanfpflanzen findet man in allen heißen Ländern als Unkraut, und da finden es auch die, die sie suchen und genießen wollen – trotz der schweren Strafen, die bei Gebrauch angedroht werden. Jeder Hanf, der in heißen Gegenden wächst, hat narkotische Wirkung, während z. B. echter «indischer Hanf» aus kälteren Regionen Indiens zumeist keine oder nur geringe Rauschwirksamkeit entfaltet. Der Mexikaner nennt den wirksamen Hanf nach der Fruchtblütenpflanze bei einem Mädchennamen. «Marihuana» heißt nichts anderes als «Maria Johanna», auch Doña Juanita oder Rosa-Maria. Das sind die früher üblichen Benennungen der Droge in den Zuchthäusern und unter den Soldaten gewesen. Soldaten waren es auch überwiegend, die in der Nachkriegszeit «Marihuana» nach Europa brachten. Sie sind noch heute oft die Lieferanten für bestimmte Kunden. So strömen früher hier fast unbekannte Rauschgifte aus Amerika und zusätzlich aus dem Osten nach Europa. Durch die Gastarbeiter vom Balkan und aus der Türkei, durch Händler aus Marokko, Algier und Tunis kommt der Haschisch ebenfalls als ungebetener Gast immer wieder ohne Einreiseerlaubnis zu uns.

Stellt man die Frage nach den Stoffen, die in dieser Droge die narkotischen Wirkungen verursachen, dann erfährt man, daß darüber noch kein eindeutiges Wissen vorhanden ist. Verantwortlich wird ein aus den Fruchtblütenständen extrahierbares rotes Öl (Cannabinol) gemacht. 0,08 g von diesem Öl kann schon den typischen Haschischrausch hervorrufen. Gleiche narkotische Wirkungen haben auch andere Stoffe in der Hanfpflanze. Sie sollen ein Gemenge von noch nicht identifizierten Alkaloiden und Harzen sein. Auffälligerweise findet sich in den Blüten und Früchten von Cannabis indica auch *Muskarin*. Es ist ein basisches Gift, das auch den Fliegenpilz – Amanita muscaria – zum Rauschgift macht. Wieder haben wir hier das niederste Pflanzenreich mit einem ihm eigenen Giftstoff beteiligt an der Erzeugung von Rauschzuständen. Nach neueren Untersuchungen macht man sogenannte Tetrahydrocannabinole für die Haschischwirkungen verantwortlich. Diese Substanzen kann man zum Teil schon synthetisch herstellen und die gleichen toxischen Wirkungen durch sie erzeugen, die sonst die Ursubstanz auslöst. Wahrscheinlich ist, daß noch mehr Substanzen alle in der gleichen Richtung wirken.

Mit der Betrachtung des Haschisch sind wir bei einer Substanz angelangt, die nicht einfach als «Genußmittel» gewissermaßen für den täglichen Gebrauch der Menschen eine «relativ harmlose» Alltagsrolle spielt, wie es die vorher betrachteten Stoffe bis zum Alkohol tun können, sofern sie nicht im Übermaß oder gewohnheitsmäßig genossen werden. Mancher wird das für das Haschisch auch in Anspruch nehmen wollen. Haschisch wird aber genommen, um ganz gezielt und abrupt das Bewußtsein zu verändern, um aus dem menschengemäßen Tages- und Raumes- oder Gegenstandsbewußtsein zu fliehen und sich auf schnellstem Wege einem «Bilderbewußtsein» hingeben zu können. Dabei wird diese Giftdroge in heißen Ländern eine noch intensivere Wirkung ausüben als in gemäßigten und kälteren Zonen, für die der Hanf sonst die Fasern zur Verarbeitung lieferte.
Haschisch oder Marihuana wird gegessen, geraucht oder getrunken. Die Zufuhr über die Atmung ist die häufigste Art der Giftaufnahme aus dem Hanf. Stärker und tiefer wirkt die Droge, wenn sie gegessen wird, geraucht jedoch wirkt sie am schnellsten. Zum Rauchen mischt man frische, nur leicht und schnell getrocknete Hanfblätter unter den Zigarettentabak. Abgelagerte Blätter haben nur geringe narkotische Wirkung. Marihuana als Getränk wird so bereitet, daß ein alkoholischer Auszug aus der Droge hergestellt wird. Dieser Extrakt riecht sehr unangenehm, darum wird er etwas erwärmt. Dabei verflüchtigen sich die üblen Duftstoffe. Es gibt noch andere Zubereitungsarten, von denen Reko berichtet. Daß Marihuana oder Haschisch zu den Rauchgiften gehört, die *süchtig* machen, ist bekannt. Wenn auch die Entwöhnung von dem Hanfgift leichter und mit weniger Abstinenzerscheinungen vor sich geht als etwa bei Heroin, Kokain oder Morphin, so ist der Süchtige, der sich dieser Droge einmal überantwortet hat, doch selten in der Lage, sich aus eigenen Kräften von ihr loszulösen, ganz abgesehen davon, daß diese Droge oft dazu verleitet, auf schwerere Gifte überzugehen.
Die besondere Eigenart des Marihuana-Rausches besteht darin, daß der Berauschte das Bewußtsein behält, daß er selbst während der heftigsten Halluzinationen sich «mit einem Ruck» aus ihnen lösen kann. Er weiß, daß es keine Wirklichkeiten sind, sondern Träumereien, die er erlebt. Die Halluzinationen oder Traumbilder knüpfen, wie es heißt, immer an etwas Reales, in der Außenwelt Vorhandenes an. Dann erweitert sich dieses Bild. Es übertreibt, verzerrt und vergrößert. Je nach dem

Bildungsgrad und dem Charakter, vielleicht auch dem Temperament des Süchtigen zeigt sich die Wirkung von Marihuana in Wutanfällen, phantastischen Schwelgereien über Naturwunder oder, wenn die Gedanken und Vorstellungen auf Erotisches gerichtet werden, in lasziven Träumen und geschlechtlichen Erregungen (Reko). Die Hanfdroge kann aus sich selbst keine Halluzinationen oder Visionen hervorbringen. Immerhin ist ihre Wirkung doch so, daß sie die äußeren Eindrücke nach Qualitäten behandelt, d. h. angenehme Eindrücke werden «vergrößert, verfeinert», unangenehme werden «herabgemindert». Es fallen die Grenzen von Zeit und Raum. Mit Leichtigkeit werden Schwierigkeiten überwunden. Es wird die Illusion vermittelt, als hätten die angenehmen Erlebnisse eine lange Zeit gedauert. Dabei war in der Realität nur eine kurze Zeit verstrichen. Die Konzentration auf das Erleben ist nur gering. Der Ablauf der Gedanken wird leicht gestört und abgelenkt. Eine Handbewegung, ein hingeworfenes Wort kann «die Gedanken nacheinander auf eine Menge der verschiedensten Dinge richten, und zwar mit einer Raschheit und Klarheit, die wunderbar ist» (Reko).

Dieser illusionären Steigerung seelischen Erlebens folgen jedoch unausbleiblich die Depression und dann der Schlaf. Das spätere Erwachen ist unterschiedlich. Manche erwachen ohne irgendwelche Beschwerden, bei anderen stellt sich ein grauenhafter Katzenjammer ein. Wie schon aus dem erwähnten historischen Beispiel der «Haschaschins» während der Kreuzzüge erhellt, ergeben sich aus der toxischen Wirkung des Haschischs bei rohen Menschen oft ausgesprochene Tollwutanfälle mit einem Hang zu Raufereien, sinnlosem und brutalem Blutvergießen. Reko berichtet, daß aus diesem Grunde in Mexiko die Marihuanisten immer aus der Armee ausgestoßen werden. Dabei wird auf die Höhe des Ranges keinerlei Rücksicht genommen. In europäischen Verhältnissen sind derartige Vorkommnisse wohl selten beobachtet worden.

Die Sucht nach diesem Rauschgift ist in heißen Ländern überall da besonders verbreitet, wo Menschen in größeren Massen zusammengepfercht leben: bei den Soldaten, in Zuchthäusern, unter den Matrosen, in Bordellen, bei Verbannten, in Tuberkulose- und in Lepraheimen. Selbst in Frauenvereinen und Knabenpensionaten hat der Marihuanismus sich breitgemacht. Welche Folgen der Haschischgenuß haben kann, wird deutlich, wenn Reko berichtet, daß in Mexiko auffallend viele Chauffeure dieser Giftdroge huldigen. Wie bei uns die Auto-

trümmer an den Bäumen usw. häufig eine Folge des Alkoholgenusses sind, so in warmen Ländern die der Haschischwirkung. Bei der Häufigkeit derartiger Ereignisse auch bei uns muß heute wohl daran gedacht werden, daß auch da der Hanf eine Rolle gespielt haben kann.

Dem Haschischgenießer sieht man bei seltenen Rauchversuchen vielleicht wenig an, aber bei längerem Mißbrauch dieses Giftes werden die Menschen unzuverlässig, flüchtig, hastig und unstet. Dabei sollen sie auffallend höflich sein (Reko). Jede Willensanstrengung wird vermieden. «Sie reden ihren Vorgesetzten nach dem Munde, um jeder unangenehmen Meinungsäußerung . . . aus dem Wege zu gehen.» Andere Süchtige fühlen sich ständig gekränkt, verdächtigt oder zurückgesetzt. Wo dieses Gift täglich genossen wird, macht sich das auch in der äußeren Erscheinung bemerkbar. Die Kleidung verwahrlost. Die Augen sind immer entzündlich gerötet, weil die Giftwirkungen in ihren Wiederholungen die Schleimhäute der Augen stark angreifen. Das Gesicht wird mürrisch. Die Augenlider sind wie bei Nierenerkrankungen geschwollen. Oft ist das Gesicht gerötet wie bei Schnapstrinkern. Das erwähnte Austrocknen der Schleimhäute und ein ständiges Durstgefühl, das die Betroffenen quält, sind ein Ausdruck dafür, daß der Seelenorganismus durch den Haschisch der Lebensorganisation die notwendige Flüssigkeit entzieht. Für Tuberkulose soll eine besondere Anfälligkeit bei Süchtigen bestehen.

Wenn der Haschisch vielleicht anfänglich eine Art von Glücksgefühl während des Rauchens erzeugt, das meistens übertrieben wird, und zugleich eine Überempfindlichkeit der Sinne erzeugt, dann schlägt diese Euphorie in grenzenlose Niedergeschlagenheit um, in ohnmächtige Schwächezustände und auch zerstörerischen Lebensekel. Die Haschischsüchtigen suchen sehr oft in diesen Depressionen durch absichtlich herbeigeführte Unfälle den Tod (Reko). Im Westen wie im Osten werden die Folgen der Haschischsucht so ernst genommen, daß man in fast allen latein-amerikanischen Ländern versucht, öffentlich und umfassend vor dieser Droge zu warnen. Wo aber die Haltlosigkeit über diese armen Menschen gesiegt hat – in der Strafhaft oder in Nervenheilanstalten – da zeigt sich, wie gewaltig der Hanf seine Opfer geschlagen hat. Das sind wohl vor allem Erfahrungen in Mexiko und Amerika. Einst lieferte der Hanf die Stricke, um die armen Sünder am Galgen aufzuknüpfen, heute erledigen sie sich selber durch sein Gift. «Da sitzen die Ruinen ehe-

maliger Menschen», schreibt Reko, «die sich einst auch rühmen durften, nach Gottes Ebenbild geschaffen worden zu sein . . .»
Auf Tiere wirkt die Hanfdroge ähnlich wie auf Menschen, insofern sie auf das Blutsystem einwirkt. Wenn Stiere für die Stierkämpfe nicht genügend Angriffslust zeigen, werden sie in Mexiko mit Marihuana gedopt. Das gleiche geschah früher mit den Hähnen, die für die dort üblichen Hahnenkämpfe eingesetzt wurden.

Prüft man die bald unübersehbare Literatur zu diesem Thema, so findet man Äußerungen, die das Haschischproblem relativ leichtnehmen und es gerne verniedlichen wollen, besonders im Hinblick auf die Eigenverantwortlichkeit des Menschen. Andere nehmen dieses Rauschgift sehr ernst. Auch in den Ländern, wo das Hanfgift bisher überwiegend mißbraucht wurde, wird die daraus entstehende Gefahr ernstgenommen. In Mitteleuropa ist Haschisch wie überall als suchterzeugendes Rauschgift offiziell verboten. Die Gefahr seiner Verbreitung schätzte man bis vor einiger Zeit nicht besonders groß ein, weil die staatlichen Aufsichtsmaßnahmen angeblich streng gehandhabt werden. Inzwischen ist man eines Bessern belehrt worden. Kaum 1 % von den Fällen, in denen dieses Rauschgift über die Grenzen der Bundesrepublik eingeschmuggelt wird, wird entdeckt. Das ist die Meinung der maßgebenden Stellen selbst. In jeder Stadt, an jeder Universität gibt es Möglichkeiten für «Interessierte», sich «Hasch» zu besorgen. Das Gift hat seinen Weg schon bis in die mittleren Klassen der Volksschulen gefunden, von den sogenannten höheren Schulen gar nicht zu sprechen. Auch in anderen Ländern bemühen sich Zoll und Polizei, die illegale Ware nicht ins Land kommen zu lassen. Demgemäß ist die Zahl der Süchtigen, die Hesse angibt, sehr niedrig. Indien wird z. B. mit 200 000 Haschischrauchern angegeben, und in der übrigen Welt sollen nur 2372 Süchtige vorhanden sein (alles nach Meldung der United Nations). Daß derartige Angaben vollkommen irreführend sind, ist ganz offensichtlich. Auch Hesse bezweifelt ihren statistischen Wert im Hinblick schon auf einzelne Angaben über konfiszierten Haschisch aus dem illegalen Handel. Im Jahre 1950 wurden angeblich 27,7 t Haschisch, im Jahre 1962 208 t und im Jahre 1963 156 t beschlagnahmt. Daß diese beschlagnahmten die allergeringsten Mengen des umgesetzten Giftes sind, geben die Experten selber zu. Wie liegen nun die entsprechenden Zahlen in der Deutschen

Bundesrepublik? Im Jahre 1960 beschlagnahmte die Kriminalpolizei 1,3 kg, 1962 = 5,5 kg, 1964 = 40,2 kg, 1966 = 134,9 kg, 1968 = 381,0 kg, 1969 = 2200 kg.

Immer häufiger hat dieses Rauschgift seine Wege zu jungen Menschen auch in Ländern gefunden, wo angeblich strenge Kontrollen durchgeführt werden. Dabei wird heute – wohl angeregt von den Engländern und Schweden – auch bei uns mit Spürhunden gearbeitet, die nur auf Haschisch abgerichtet sind. Diese finden selbst die geringste Fingerspur von Haschisch an den Autokarosserien und am Gepäck der die Grenze passierenden Menschen. Zumeist ist es wohl Neugierde und hinterher Nachahmungstrieb – wie beim Rauchen überhaupt –, die dazu führen, durch eine Droge einen Blick über die sinnlichen Grenzen zu versuchen. Die meisten hören enttäuscht wieder auf, wenn sie im Rausch nicht das gefunden haben, was ihre Phantasievorstellungen ihnen vielleicht vorgegaukelt haben. Die Art der eintretenden Giftwirkung hängt natürlich ganz davon ab, wie eine Individualität darauf anspricht. Nicht nur die seelische Verfassung im Moment der Aufnahme spielt dabei eine Rolle, sondern auch die Umgebung. Der Rausch, der aus Neugierde herbeigeführt wird, bringt natürlich manche ungewöhnlichen Erlebnisse wie anfänglich phantastische «Sinnestäuschungen», die sich auf die verschiedensten Bereiche beziehen können; das Verschwinden eines ausdifferenzierten Raum-Zeit-Erlebens bis zur Tendenz der Ich-Spaltung. Durch alle diese hier ganz abstrakt abgegrenzten Bereiche erscheint der Rauschinhalt bei jedem unterschiedlich belebt und halluziniert. Es ist auch durchaus nicht so, daß er immer eine große Vielgestaltigkeit bringt. Das hängt ganz von dem Individuum und der Beweglichkeit seines Seelenlebens ab. Im ganzen ruft der Haschisch in der Seele des Menschen mannigfaltigere Erscheinungen hervor als der Alkohol, der auf das menschliche Ich ausgerichtet ist.
Wer kommt nun nach den allgemeinen Erfahrungen generell als Kandidat des Hanfgiftes in Frage? Die Meinung ging früher dahin, daß es sich vorwiegend um Psychopathen, um kriminell anfällige Persönlichkeiten handelte und um solche, die aus sozial wenig gehobenen Lebensschichten der menschlichen Gesellschaft stammen. Das weibliche Geschlecht beteiligte sich an diesen Rauschgiftgelüsten wenig. Aus der schon erwähnten Neugierde und der Tendenz zur Nachahmung finden sich heute Kinder und

Jugendliche viel häufiger unter den Haschisch-Rauschsüchtigen als bei anderen Rauschgiften. Die Bekämpfung durch staatliche Institutionen und Maßnahmen war in Europa bisher wohl der wichtigste Weg, um dieses Rauschgift weitgehend fernzuhalten. Wie die Erfahrung gezeigt hat, war dieser Weg vollkommen unzulänglich. Er war der Welle des Angriffs auf das Bewußtsein der Jugendlichen nicht gewachsen, weil er ihr vollkommen verständnislos gegenüberstand. Die ständige Zunahme von Haschischangebot und -gebrauch konnte er nicht verhindern. Die offiziellen Verwalter des Geistes-, Gesundheits- und sozialen Lebens sind sich auch nicht einmal klar über die Ursachen oder Hintergründe dieser ansteigenden Sucht nach Rauschgiften. Immerhin hat man sich jetzt zur Charakterisierung der Situation auf einen anderen Begriff geeinigt, der dem Standpunkt der Beurteiler gerechter wird und die Süchtigen in ihrer Strebensart mehr einengt: man hat in Anlehnung an die Engländer, die den Begriff «drug dependence» eingeführt haben, auch den Begriff der «Drogenabhängigkeit» gewählt. In Anlehnung an Prof. P. Kielholz in Basel, der besonders die psychische Abhängigkeit des Konsumenten als ausschlaggebend ansah, hat die Weltgesundheitsorganisation diese Abhängigkeit definiert als «ein unbezwingbares, gieriges psychisches Verlangen, mit der Einnahme der Droge fortzufahren und ein Bedürfnis, sich die Droge um jeden Preis zu beschaffen».
Man kann sich noch die Frage stellen, auf welche der menschlichen Wesensglieder – insofern diese Denken, Fühlen und Wollen offenbaren – das Haschisch grundsätzlich am stärksten wirkt; dann kann man zu dem Schluß kommen, daß die menschliche Wesensmitte, das Fühlen, am mächtigsten vom Haschisch attackiert wird. Wo der Mensch seelisch am meisten er selbst ist und sein kann, da verrichtet das Hanfgift sein Zerstörungswerk. Wenn auch nur selten bei modernen Haschischrauchern ausgesprochen «schwere Grausamkeiten auftreten, so geraten diese doch – wie schon erwähnt wurde – in Zustände, wo ihre jeweiligen Gemütsstimmungen sich ins scheinbar Unbegrenzte steigern, ob sie nun durch Nichtigkeiten zu Tränen gerührt werden oder durch Banales in Verzückung geraten. Oft halten sich Haschischraucher für fähiger und tugendhafter als die anderen Menschen. An den geschilderten schweren schädigenden Wirkungen des Hanfgiftes – auf die wir noch kurz zurückkommen – ist leicht abzulesen, wie schwer es dem Süchtigen bzw. dem Abhängigen fällt, die Funktionen und Aufgaben der menschlichen Mitte

– des Gefühlslebens – so zusammenzufassen, daß sie zwischen Denken und Wollen das Gleichgewicht halten kann. Allmählich wird diese seelische Mitte zerstört, und damit fällt das Menschenwesen auseinander und spiegelt einen Zustand, der ihn aus Angst vor der Entwicklung zum Gifte trieb. Das ist dann zu erkennen, wenn der Abhängige zügellos in seinem Willen zum Verbrechen tendiert oder sein Denken und der Verstand dem Wahnsinn verfallen.

Daß Haschisch einen erheblichen Einfluß auf das Seelenleben des Menschen ausübt, ist allgemein klar. Nur deshalb wird es ja schließlich gesucht. Von Jahr zu Jahr mehren sich die Fälle, daß Haschischabhängige infolge psychiatrischer Komplikationen im Zusammenhang mit Haschischgebrauch in psychiatrische Kliniken gebracht werden müssen. So hat eine verhältnismäßig kleine Klinik an derartigen Aufnahmen 1967 eine zu verzeichnen gehabt, 1968 vier und 1969 25 Aufnahmen. Eine ständig steigende Zunahme jener Fälle, die psychiatrisch betreut werden mußten. Das ist nur ein ganz kleines Bild von den Folgen dieses Giftgebrauches, wie es umfangreicher aus nordischen Staaten, besonders aber aus außereuropäischen Ländern berichtet wird. Die Patienten der oben erwähnten psychiatrischen Station waren im Alter zwischen 14 und 30 Jahren. Von ihnen waren 80 % männlichen Geschlechts. Es kann hier nicht die Aufgabe sein, darüber Ausführungen zu machen, ob dieses Gift etwa Schizophrenie oder andere seelische Störungen auslösen kann. Man mag sich aber wohl die Frage vorlegen, die hier auch nicht weiter verfolgt werden soll, ob es ein Zeichen von seelischer Gesundheit ist, wenn ein Mensch zum Haschisch greift, um sich praktisch den Fragen persönlicher Konflikte und der Schwierigkeiten mit der Umwelt im engeren und weitesten Sinne (Unzufriedenheit mit der gesellschaftlichen Ordnung) durch den Giftgenuß zu entziehen. Die Flucht aus den Realitäten des Lebens, die dem hysterischen und neurasthenischen jugendlichen Menschen naheliegt, wird durch Beispiele der anderen Haschischabhängigen nur noch mehr angeregt. Das dann aufgesuchte Milieu und die Seelenhaltung derer, die anfällig sind für das Hanfgift, appelliert stark an die Nachahmungskräfte junger Menschen, die um die Festigung ihres Ich ringen.

Es ist wohl kaum zulässig – weder in der Verteidigung noch in der Abwehr des Haschisch – einen Vergleich mit dem Alkohol zu ziehen, der in der Evolution eine bestimmte Aufgabe zu erfüllen hatte (s. Kap.

Vom Wein); denn der Alkohol wendet sich zumeist an erwachsene Menschen. Was diese mit ihren selbsterworbenen Arbeitserträgen beginnen, liegt in ihrer Verantwortung und muß ihnen überlassen bleiben. Die Haschischabhängigen aber sind bei uns zumeist Jugendliche, die noch in anderen sozialen Zusammenhängen stehen. Sie sind in ihrem Beginnen noch ausschließlich auf sich eingestellt. Das heißt, sie vergessen, daß der Mensch immer in einer Gemeinschaft lebt und auch nur so leben kann. Die durch Haschisch bewirkte Bewußtseinsveränderung – anfangs kurzfristig, später mit Dauerfolgen – sondert den Abhängigen aus der Gemeinschaft immer häufiger aus, so daß daraus für beide Seiten soziale Konsequenzen verschiedenster Art entstehen müssen. Der Abhängige entzieht sich auch dem Verständnis der Mitmenschen und fällt ihnen nach und nach immer mehr zur Last. Er macht sich für das Leben und die soziale Umwelt immer ungeeigneter. Sie müssen ihn in einem Alter umsorgen und tragen, wo er etwas für die Gesellschaft beitragen könnte und selber als vollberechtigter Sozialpartner darin leben könnte.

Die Hanfpflanze liefert selber seltsame Signaturen für ihre Eigenart und ihr Wesen. Halt und Haltlosigkeit vermittelt sie gleichermaßen: Halt im Physischen durch ihre Fasern, Haltlosigkeit im Seelischen durch ihr Gift.

Das Hanfgift stellt die Menschengemeinschaften und ihre Institutionen vor eine Fülle von Fragen, vor denen sie mehr oder weniger hilflos stehen, weil sie sich in der Wahl der Mittel gegen diese Gefahr nicht einigen können. Sie werden auch nur geringe Erfolge haben, wenn sie nicht einsehen lernen, wo die Ursache der Giftmanie liegt. Man kann auch den Jugendlichen nur schwer Vorhaltungen machen, wenn man sich selber ständig an den Gebrauch der verschiedensten Tabletten bis zu den Psychopharmaka gewöhnt, so daß diese bald den Charakter von Genußmitteln anzunehmen drohen. Die Gesellschaft, die sich über die Giftsucht der Jugend empört, vermag ihre eigenen Probleme kaum zu bewältigen, ohne daß sie Zuflucht zu den Retorten der Chemie nimmt. Hier wie dort ist der Anlaß zu dem Griff nach Droge und Gift – die Angst. Angst wovor? Angst vor dem Versagen. Angst vor der Überwältigung durch die eindringende, bedrängende Außenwelt, Angst vor allem, was man in seinem Inneren, mit seinem Ich nicht erträgt. Angst vor der Konvention, Angst vor dem Gewordenen und Angst vor dem Werdenden – Angst vor dem großen Nichts, in dem Faust das

Sein zu finden hoffte. Ringsum erfaßt die Menschen die zurückgedrängte große Angst, die aus der Unsicherheit hervorgeht, mit welcher der Mensch vor einer Welt steht, die er nicht mehr durchschaut und versteht, die ihn daher überwältigt. Das wird sich fraglos noch weiter steigern, wenn nicht erkannt wird, «was die Welt im Innersten zusammenhält». Worum es in den vorliegenden Skizzen im wesentlichen ging, – das menschliche Ich –, das wird nicht mehr mit dem Notwendigsten ausgerüstet, um das Leben bestehen zu können. Diese Ausrüstung sollte der Mensch aber durch Erziehung und Pädagogik bekommen.

Wesentliche Faktoren zur Förderung der illusionsgetragenen Abhängigkeit von den verschiedensten Giften müssen in der Pädagogik unserer Zeit gesehen werden, die seit längerer Zeit auf der Stelle tritt. Jede Bemühung um eine Pädagogik, die den krassen Mißständen der modernen Gesellschaft begegnen und den Erfordernissen unserer Zeit in allen Dimensionen gerecht werden soll, muß fruchtlos bleiben, solange sie nicht auf einer den Tatsachen entsprechenden geistigen Menschenerkenntnis fußt; diese Menschenerkenntnis wiederum verlangt nach einer Naturwissenschaft, die nicht nur Vorgänge der toten Materie registriert oder sich in überzüchteten Abstraktionen ergeht, sondern endlich damit Ernst macht, das Leben selbst zum Gegenstand ihres Forschens zu machen. Es sollte allmählich erkannt werden, in welch hohem Maß Menschen- und Naturerkenntnis zusammengehören und einander bedingen. Damit wäre der erste grundlegende Schritt zur Möglichkeit einer Heilung des so heillos um sich greifenden Übels getan, welches das Thema unserer Betrachtungen bildete.

Gift und Rausch - Irrwege zum Geist!

Bei unserer gesamten Ernährung einschließlich der Atmung, beginnend bei der Embryonalentwicklung, dreht es sich darum, das menschliche Seelenwesen in die Lage zu bringen, daß es auf der Erde sein und existieren kann. Dazu werden ein physischer Leib und ein Lebensorganismus herangebildet. Durch diese wird der Mensch als Ich reif und fähig, auf der Erde seinen Weg selbstbewußt zu machen. Er wird reif zu denken, zu urteilen und verantwortlich zu handeln. Er kann reif werden, die Zusammenhänge zwischen Erde und Kosmos, zwischen Mensch und Kosmos, zwischen seinem Inneren und allem zu durchschauen, was ihn als näheres oder ferneres Äußeres umgibt. Er kann sogar reif werden, bewußt aus Freiheit und Liebe zu handeln.

Auf allen diesen seinen Wegen begegnet er dabei ständig einem Phänomen, das man die Polarität der Welt nennen kann, um mit Goethe zu sprechen. Er erlebt den Tag und die Nacht, die Wärme und die Kälte, das Oben und das Unten, Sommer und Winter. Wenn er auf sich selber sieht, begegnet ihm das Polare im Wachen und Schlafen, in der rechten und der linken Hand oder dem rechten und dem linken Auge, in Hunger und Sättigung und in vielem anderen. Als Unabänderlichkeiten umgeben und beherrschen sie den Menschen so lange, bis er durch Erkenntnis und Erleben erfährt, daß diese Welt der Polaritäten die Voraussetzung ist für eine Steigerung im Ich, welche jene Unabänderlichkeiten überwindet. Das ist die eigentliche Steigerung und Überwindung der Extreme der Polaritäten. Um sie ringt der Mensch, zumeist ohne es zu ahnen. Auf diesen unerkannten Kampf blicken wir ebenso, wenn wir z. B. die menschliche Ernährung betrachten. Auch dort geht es darum, daß ein Inneres im Menschen das Äußere der Nahrung zu überwinden trachtet, um daran eigene, menschliche Substanze zu bilden. Auch da ringen ständig Polaritäten miteinander um den Ausgleich und um die Steigerung. Was tun wir aber, wenn wir nach Genußmitteln greifen? –

Wir versuchen, irgendeine Polarität in uns zu verstärken, um dadurch der entgegengesetzten gewissermaßen etwas abzuringen. Es ist vergebens. Wohl vermittelt z. B. das Coffein des Kaffees uns zeitweise eine Erhöhung unseres intellektuellen Bewußtseins, so daß unsere Denkvorgänge klarer und exakter ablaufen. Das andere Extrem aber meldet sich doch und sehr deutlich. Es läßt sich niemals betrügen. Wir werden nach einer gewissen Zeit müder und denkunfähiger oder denkträger, als wir vorher waren. So geht es uns mit jedem Mittel, das uns die Außenwelt bietet.

Da meinen nun jene es besonders klug anzustellen, die nach einem Rauschmittel greifen, um die ersehnte Steigerung, die Bewußtseinserweiterung und Überwindung der scheinbar unabänderlichen Polaritäten zu erreichen. Ein furchtbarer Wahn täuscht sie. Wohl verlieren sie auf kurze Zeit das Regelnde des physischen Leibes und sind in ein regelloses Bild-Erleben untergetaucht, das ihnen wie eine Rettung aus den philiströsen Polaritäten erscheint. Es bietet sich ihnen nur ein übler, degenerierter Rest jener Bild-Seelenfähigkeiten an, die der Menschenseele einst umfassend eigen waren, bevor sie in das Reich der Polaritäten versetzt wurde. Haschisch, LSD, und wie sie alle heißen mögen, sind ein jämmerliches Blendwerk und rufen im Menschen höchstens eine Lockerung (aber keine echte Höherwandlung) seiner Seele im Verhältnis zum physischen Leibe hervor, für die er im Reiche der Polaritäten dann schwer bezahlen muß. Als Tribut degeneriert sein Leib – das Erdeninstrument des Ichs – und wird relativ schnell vernichtet. Dadurch wird ihm die Überwindung der Polaritäten im Ich restlos unmöglich gemacht.

Durchschaubar werden diese Vorgänge, wenn man sich darauf einläßt, das Menschenwesen nicht nur als äußere Erscheinung einfach hinzunehmen und es dann in die Reihe der Tiere an höchste Stellen zu stellen, wie es die Wissenschaft heute macht. Man sollte schon mit erhöhter Wachheit erkennen lernen, daß der Mensch in Wirklichkeit ein viergliedriges Wesen ist und durch die Viergliedrigkeit einerseits sich gerade vom Tiere unterscheidet und andererseits dadurch mit allen uns bekannten Naturreichen verwandt ist. Einen äußeren physischen Leib hat er mit der toten Mineralwelt gemeinsam, einen physischen Leib und Lebensorganismus mit der Pflanzenwelt und einen physischen Leib plus Lebensorganisation und Seelenorganismus hat er tatsächlich wie

das Tier. Das Ich aber ist es, das ihn vom Tier unterscheidet. Dieses Ich formt in ihm auch die anderen genannten Wesensglieder um. Dadurch unterscheiden diese sich wieder von den gleichartigen Wesensgliedern des Tieres.

Wenn nicht der Mensch freventlich Versuche am Tier anstellt, dann kennt und erlebt es den Zustand des *Rausches* niemals. Nur der Mensch sucht den Rausch, um sich seines menschlichen Bewußtseins zu begeben. Er erreicht den Rausch und die darauf folgende oft grauenhafte «Ernüchterung», in der er dann mehr oder weniger unbewußt erkennt, was am eigenen Wesensgefüge zerstört wurde. Das sind oft Anlagen und Fähigkeiten, die in der gleichen Inkarnation nicht wieder errungen werden können. Betrachtet man das Verhältnis des Menschen zu den Genußmitteln, insbesondere zu solchen giftiger Natur wie die hier dargestellten, so ergibt sich von selbst auch ein Einblick in das Seelenleben, in das Bewußtseinsleben des Menschen. Es erscheint dabei auffällig, daß bestimmte Gifte besondere Beziehungen zu einzelnen Seelenveranlagungen oder Seelenäußerungen des Menschen haben – entweder über die Organe oder auch direkt über die Wesensglieder. Dadurch entsteht leicht die Täuschung, als verursachten diese Gifte die Seelenäußerungen oder Seelenveranlagungen, die sich dann eventuell unter der gewohnheitsmäßigen Giftaufnahme stärker bemerkbar machen können. Es gehen in der Tat durch die Hingabe an solche Substanzen allmählich gewisse Wandlungen im menschlichen Seelenleben vor sich, weil das Leibesinstrument für die Erdenaufgabe der Seele und des Ichs dadurch stumpf, schwer und mehr oder weniger undurchdringlich gemacht wird. Einstmals konnten es fortschreitende Wandlungen sein, wie es die Aufgabe des Alkohols war; auch sie liefen im Bereich der Polaritäten ab. Man denke nur daran, daß eine intellektuelle, egoistische Seelenhaltung durch den Wein gefördert wurde und die hellseherische Begabung dadurch verschwand und geopfert werden mußte. Es können aber auch rückschreitende Wandlungen sein, über die der einzelne Mensch sich meistenteils nicht klar wird, weil er in seiner naturwissenschaftlichen Befangenheit nur auf die «grobe» Materie sieht und die feineren, entscheidenden Wesensseiten des Menschen unbeachtet läßt. Rückschreitende Wandlungen vermittelt heute auch der Alkohol in jeder Form und jene Stoffe, die wir als «Rauschgifte» bezeichnen. Gewisse Bewußtseinswandlungen vermitteln diese Stoffe wohl, und die Sehnsucht nach

Bewußtseinswandlungen ist eigentlich die Veranlassung, warum die Menschen sich aus einem dunklen Drange mit ihnen verbinden. Der Mensch sucht den Rausch und gibt dafür das klare, denkende Bewußtsein leichtfertig hin, um dann in extremen Fällen im Wahnsinn zu enden. «Die Sünde wider den Geist aber wird nicht vergeben werden.»

Was ist der Rausch? Natürlich ist auch er ein Bewußtseinszustand von besonderer Art. Der Sprachgeist scheint in genialer Weise durch die Wortprägung darauf hinzuweisen, welcher Zustand dadurch gekennzeichnet ist. Vom Akustischen hergenommen, bezeichnet das Wort «rauschen» einen Bewegungszustand des Luftartigen und des Wässerigen oder gar eine Begegnung beider Bereiche. Was ist nun jener Zustand des Rausches, den Alkohol, Haschisch, Opium und andere Gifte hervorrufen? Das klare, kühle Gegenstandsbewußtsein, das in der gesunden Verbindung des Ichs mit dem Seelenorganismus und der Spiegelung am physischen Organismus, der vom Lebensorganismus durchströmt ist, zustande kommt, wird ausgeschaltet. Vom Ichhaften, das in der Klarheit leben will und nur darin seine Würde erleben kann, von ihm kann man niemals im Sinne des Rauschhaften sprechen. Wenn das Ich dumpf gemacht wird und man die Zügel am Seelischen locker oder gar losläßt, wenn es also ausgeschaltet wird, dann erst kann der Rausch über die verschiedensten Vorstufen Wirklichkeit werden. Damit ist natürlich nicht gesagt, daß jeder Rückzug des Ichs von der Lenkung des Seelischen ein Rausch ist. Die engere Verbindung des Seelenorganismus, der im Lufthaften sein Substrat hat, mit dem Lebensorganismus, der wiederum im Flüssigen des Leibes lebt, gleicht der der Elementarwelt, wo das Rauschen auch draußen auftritt. Ob das Wort «Rausch» zu diesen Grundvorgängen zurückführt, soll hier nicht entschieden werden. Es besteht immerhin die Möglichkeit.

In allem, auch in den Substanzen, die wir aufnehmen, wirkt Geist. Von besonderer Art und Geistigkeit sind jene Substanzen, die wir Gifte nennen. Wir finden sie in vielfältiger Art in den Pflanzen vor. Sehnsucht nach dem Geiste ist es, wenn die Menschen zu den Mitteln greifen, in denen der Geist in dieser Art als Gift in den Substanzen lebt. Die Sehnsucht nach dem Geiste lebt von jeher unaustilgbar in den Seelen der Menschen, denn sie ist nichts anderes als die Rückerinnerung an die geistige Heimat der Seelen, die aus geistigen Bereichen stammen. Erst die moderne Zeit hat durch das einseitig entwickelte materialistische

Bewußtsein einen Vorhang vor die Heimat der Menschenseele gezogen. Der Erkenntnisweg zum wahren Wesen und Ursprung des Menschen, seines Ichs und seiner Seele, ist verschlossen worden. Darum rumort es in den Seelen jüngerer und älterer Menschen gegen das Dogma des Materialismus. Sie wollen den Panzer und die Fesseln sprengen, die sie beengen und ihnen den Ausblick nehmen. Nur ist der Weg, den sie wählen, ein Irrweg. Sie greifen zu den Giften, die ihnen aus ihrem eigenen Leib etwas vorgaukeln, die Seele aber niemals befriedigen können. Solche Gifte werden möglicherweise in der Zukunft eine immer größere Rolle spielen. Die Erziehung in Schulen und Universitäten hat die Menschen gelehrt, den Geist im bewußten Erleben zu verleugnen, darum verfallen sie ihm, wenn sie schwache Individualitäten sind, in den Giften. Diese Erziehung drängt die Menschen direkt in die Giftsucht hinein. Für die bewußte Schulung des Ichs im Menschen, die in Wirklichkeit den wahren Ausblick bringen könnte, den die menschlichen Seelen ersehnen, jene wahre Steigerung aus den Fesseln der Polaritäten heraus, für diese Schulung liegen die Wege seit langem frei.

Literatur

Albanese, F., Zur Bestimmung der Bestandteile von Kaffeeinfusen aus behandeltem bzw. unbehandeltem Bohnenkaffee. Deutsche Lebensmittel-Rundschau, Heft 2 1964.

Apel, G., und Schenck, V., Vergleichende klinische Untersuchungen über die Reaktion von Magen, Leber und Gallenblase auf Bohnenkaffee. Ärztliche Forschung XV. Jahrg. 1961.

Bein, F. A., Kaffee und seine Aufarbeitung. Die Heilkunst, 78. Jahrg.

— Tee und seine Aufarbeitung. a.a.O. Jahrg. 79/1966, Heft 2.

Böcher, W., Jugend und Suchtgefahren. Mat. medica Nordm. 1970/22.

Buhr, G., Neue Erkenntnisse über die Wirkung von Coffein und Kaffee auf die Herz- und Kreislaufdynamik des Menschen. Ärztliche Forschung. 1958/2.

Coolhaas, C., Kaffee. Stuttgart 1960.

Coper, H. und Hippius, H., Mißbrauch von Haschisch (Marihuana). Dtsch. Ärztebl. 1970.

Czok, G., und Lang, K., Zur Bohnenkaffee-Wirkung auf Galle und Darm. 1963, Arzneimittelforschung.

— Physiologie und Pharmakologie der wasserlöslichen Kaffeestoffe. Heilkunst, 78. Jahrg. Nr. 2.

Dietze, G., Tabak-Fachbuch, Leipzig 1953.

Ehrhardt, H., Rauschgiftsucht, aktuelle Probleme und Aufgaben. Dtsch. Ärztebl. 1970.

Eichholtz, Fr., Die toxische Gesamtsituation auf dem Gebiete der menschlichen Ernährung. Berlin–Göttingen–Heidelberg 1956.

Gallwas, J., Kaffee in der Medizin. Hamburg, 1964.

Gelbke, R., Von Fahrten in den Weltraum der Seele. Antaios, Bd. III, 1962.

— Vom Rausch im Orient und Okzident. Stuttgart 1966.

Harth, V.: Kaffee als Medizin? Heilkunst, 78. Jahrg. Nr. 2.

Jacob, H. E., Sage und Siegeszug des Kaffees. Hamburg 1952.

Kaden, O. F., Die hauptsächlichen Wirkstoffe der Aufgüsse von schwarzem Tee. Heilkunst, 79. Jahrg. 1966.

Keiner, Fr., Die Einwirkung von Kaffee auf die Kontraktion der Gallenblase.

Kerényi, K., Die Mythologie der Griechen dtv 2. Aufl. 1968.

Kligge, H., Die vegetative Dystonie und der Bohnenkaffee. Med. Klink. 1962.

Köhlers Medizinalpflanzen. Gera-Untermhaus, o. J.

Künzler, Fr., Der schwarze Tee als Anregungs- und Genußmittel des arbeitenden Menschen. Heilkunst, 79. Jahrg. 1966.